吕思勉 著

本国史

吕思勉著作精选

通史

图书在版编目(CIP)数据

本国史 / 吕思勉著. —上海:上海古籍出版社,
2022.10
(吕思勉著作精选. 通史)
ISBN 978-7-5732-0427-1

Ⅰ.①本… Ⅱ.①吕… Ⅲ.①中国历史 Ⅳ.①K20

中国版本图书馆 CIP 数据核字(2022)第 160089 号

吕思勉著作精选·通史
本国史
吕思勉 著
上海古籍出版社出版发行
(上海市闵行区号景路 159 弄 1-5 号 A 座 5F 邮政编码 201101)
(1) 网址:www.guji.com.cn
(2) E-mail:guji1@guji.com.cn
(3) 易文网网址:www.ewen.co
常熟市人民印刷有限公司印刷
开本 890×1240 1/32 印张 7.625 插页 2 字数 172,000
2022 年 10 月第 1 版 2022 年 10 月第 1 次印刷
ISBN 978-7-5732-0427-1
K·3248 定价:46.00 元
如有质量问题,请与承印公司联系

前　言

　　有一种说法，说理想的历史著述家，要写过一部历史的专著，写过一部历史教科书，再写过一部历史通俗读物。又有一种类似的说法，把教科书换成了方志书，或是把通俗读物换成了历史地图册，说唯有著述了多种主题、多种形式的史学作品，历史著述才算达到了完满的境界。这些说法，当然不是在为史学评论提供一种评判的标尺，其本意是强调历史著述家除了要撰写专业领域里的学术著作，还要尽其所能为社会大众提供多种多样的历史作品，以满足不同层次、不同爱好的读者需要。

　　由此而论，史学家吕思勉先生倒是达到了理想的历史著述境界。他不仅写有大部头的史学著作，如《先秦史》《秦汉史》等成系统的四部断代史，还写过大量的文史教科书和历史通俗读物。其数量之多、品类之丰，在民国时代众多的史学大家中也是很罕见的。而且，他撰写的教科书和历史通俗读物，都是精心之作，或被后人称之为通俗读物之典范。

　　如此次"吕思勉著作精选"收录的一九二四年商务印书馆出版的《新学制高级中学教科书本国史》，黄永年先生曾评价说：这本书现在已经很少有人知道了，有一篇《吕思勉先生主要著作》，就没有提到这本书，也许认为这只是教材而非著作。"其实此书从远古讲到民国,只用了十二万字左右篇幅,而政治、经济、文化以及典章制度各个方面无不顾及,在取舍详略之中,体现出吕先生的史学史识,实是吕先生早期精心之作。有些青年人对我讲,现在流行的通史议论太多,史实太少,而且头绪不清,实在难读难记。我想吕先生这本要言不烦的《本国史》是否可以给现在编写通史、讲义的同志们一点启发。"(黄永年:《回忆我的老师吕诚之先生》,《学林漫录》第四集,北京,中华书局,1981 年)

又如《三国史话》,原是吕先生撰写《秦汉史》的副产品,出版之后,就很受欢迎,被视为历史通俗读物的典范之作。虞云国先生说:史学大师吕思勉既有代表其学术高度的断代史,又有通俗读物《三国史话》,"各擅胜场,令人叹绝"。(吕思勉:《三国史话》封底,北京,商务印书馆,2015 年)梁满仓先生也说:"《三国史话》的大家风范,首先体现在作者强烈的历史责任意识……还表现在一些经得住时间检验的观点……《三国史话》是一部通俗历史读物,然而通俗中却包含着渊博的知识……小中见大、通俗中见高雅,《三国史话》为我们树立了典范。"(梁满仓:《〈三国史话〉的大家风范》,吕思勉:《三国史话》,北京出版社,2012 年)如今,吕先生的各种著述一再重版、重印,成为民国史学家中最为大众欢迎的史家之一,说明上述史学家们的评说已经成为大家的共识。

本着这样的认识,我们在吕先生一千余万字的著述中,选择了二十余种兼具通俗性与专业性且篇幅适宜者,根据内容分为七类,分别是:通史、专门史、修身、历史分级读本、读史札记、史话和国学,组成"吕思勉著作精选",以飨读者。如最先推出的"吕思勉著作精选·专门史",收入《中国社会史》、《中国社会变迁史(附大同释义)》、《中国民族史两种》和《中国文化史六讲 中国政治思想史十讲》。何以收入此四种? 吕先生历来备受关注者,即其"两部通史、四部断代史、一种札记",但其对专门史亦非常重视。他提倡"专就一种现象的陈迹加以研究"之专门的历史,并且身体力行,在史学实践中完成社会史、民族史、文化史、政治思想史等专史著作,涵盖面很广。且其专门史常常有一种贯通的眼光,既是朝代的贯通,也是"专门"的贯通,如其讲政治思想史、文化史,则先论社会史,因此其专门之中又多贯通,体现了其"综合专门研究所得的结果,以说明一地域、一时代间一定社会的真相"的治学路径。吕思勉先生的历史著作,大多都蕴含着这种"贯通"的眼光。以此为例,是想说明我们精选吕思勉著作的用意,以及帮助读者更好地理解中国历史的希望。

本书初版名为《新学制高级中学教科书本国史》。

例　言

一　本书力矫旧时历史偏重政治方面之弊，然仍力求（一）正确及（二）有系统。须知道偏重政治方面固然有弊，然而矫枉过正，拉着什么书就钞——譬如近来编历史的把《格致镜原》、《事物原始》……做根据——不管他正确不正确，而且都是些断片的事实，并没有系统——单独的事不论属于那一方面都是没有意味的——其流弊亦很大。

一　本书的分期如下。

我这部书是只叙事实，不参议论的——原因见下。但是意见自然不能没有，请在这里极简单的说几句：

（一）上古史——周以前。这一期是我中华民族从极浅演之群，进而至于建立一个大国的时代。其中（A）国家社会组织的变迁，（B）文化的发展，（C）异族的杂居和同化，最关重要。

（二）中古史上——自秦统一全国起至东汉分裂以前止。这一期是中国初成为大国的时代，也是初入于平民政治的时代。汉初"布衣卿相之局"，确是一次平民革命，打破前此贵族阶级专握政权的局面。然而其反动，则封建同姓，任用外戚，仍是贵族政治的惰力。对外则江河两流域，已无问题。乃进而想同化南岭以南诸民族，抵抗从蒙古高原下来的侵略的游牧民族——这种对外运动的方向,自西力东渐以前,迄无变更。在文化上,则儒家独盛,诸子就衰,也是望统一方向走的。

（三）中古史中——自东汉分裂至南北朝。这一期可称为异族扰乱,军阀握权时代。后汉末的凉州系（董卓、吕布……)出来扰乱之后,而州郡割据,而天下三分,而曹氏篡汉,而司马氏篡魏,而八王弄兵,而东渡后荆扬相持,而南朝内外猜忌,而北朝六镇云扰。政治上的重心,差不多全在强有力的军人之手。其近因,起于后汉的羌乱,这是前一期对外政策的结果。而在文化上,佛学输入,为吾国哲学界宗教界放万丈光焰,也是前一期对外政策的结果。

（四）中古史下——从隋朝统一起,到唐朝开元全盛时为止。这一期的历史,可说是收束整理前一期的。凡一切政治制度,都是把前一期中从事实上变迁而来的,加以一度的整理。文化上亦然,前代的学问,到此期而益形光大。

（五）近古史上——从安史之乱到宋高宗南渡。这一期,中国从统一而又入于分裂,辽金元的侵入,都是收这分裂的恶果。政治制度和文化上,却都大有变迁。其在政治制度上,则渐变唐中叶以前的式样（中古式),而开出元明以来的式样（近代式)。在文化上,则有摄取佛学菁华而变其面目的宋学。

（六）近古史下——从蒙古崛兴起,到他灭宋建立一大帝国止。此期中因蒙古崛起——遭遇种种际会,遂至世界历史上生出一轩然大波。

（七）近世史上——从元世祖灭宋起,到明朝灭亡止。此期从分裂而复归于统一。元朝虽系异族,然其据中国不久,而且一切设施,大多数还是按照中国旧习惯的。明朝虽说“斥逐胡元”,其家一切政治,沿袭元朝的不少,特如行政区域与兵制。近世式的制度,是元开其先,明集其成,清又踵而用之的。

（八）近世史下——从清朝崛起，到他的全盛时期为止。这是中国旧式历史最后的一期。现在制度风尚……旧的方面，都直接沿自此期。

（九）最近世史上——从西力东渐起，到日俄战后各国竞画势力范围止。这一期中，中国的历史，开一亘古未有的新局面，是中国受外力的压迫时代。

（十）最近世史下——从戊戌变法起，到民国十一年六月为止。是中国人受外力压迫而起反应的时代。

一　每一期中，各有其重要的现象，则叙述加详。如汉朝的外戚宦官，唐朝的藩镇，宋朝的军政及财政……又如讲学术，则两汉时重经学，南北朝隋唐时重佛学……

一　这部书，虽系从上古编起，依次而下，然而我很希望用他的人，从最近世史授起——最近世史授完后，接受那一编，可以斟酌情形而定，不必有画一的办法。因为最近世的事和眼前生活较切近，学生容易了解，且容易有兴味。在理论上言，读后代史，必须探其原于古，方能真实了解。在事实上言，读古代史，正须有后代的史事，为之对照，乃觉容易了解。

一　教育部旧章，把东洋史同中国史分开。有人说，这是盲从日本人。因为东洋史中去掉中国史，就失掉了中心。中国史中除去东洋史，也阙而不完，无从说明。这话固亦有理，但在教授方便上说，中国历史头绪是很繁杂的，借此画出一部分，寓一点圆周教授之意，亦未为不可。本编同东洋史分画和联络之处，颇费苦心，请教者和学者都注意。

一　本编的宗旨：在提高学科的内容，而减少文字方面的困难。所以全书都用浅近文言，但是其中必须抄录古书原文的，亦有下列三种：

（一）不能翻译的，如名词成语……其例甚多，不能枚举。

（二）须就原文加以考释的，如第一编第三章第二节是。

（三）旧书中特有精神的文字，举示一两段，以引起学者读史的兴味的，如第一编第八章第一节、第二编第二章第二节是。

一　书中关涉考据的地方很多，似乎太专门了些。然而不论什么学问，研究的对象，都贵于正确。历史是供给各种学问以正确的材料的，其本身的材料，不能不正确，无待于言。这是不得已的事。提高学科的程度，其关键全在于此。况且学问都是依着天然的条理，天然的条理，原是人人心中所有。肯用心，也无甚难解的——倒是不考据清晰，模糊影响的事实，乃真难解。

一　吾国旧籍，向分经、史、子、集，这原不过是大略的分类。况且在今日，历史要严整组成一种科学的时代。吾人应当有一切书籍都平等认作史材的眼光。研究历史的人，所看的书，不能限于史部，更无待言。本书所引据便是如此——特于上古期为尤甚。

一　所引据的书，都是极可信的，引据也颇有法度的，都一一注明于下。学者若能依注翻阅原书，我相信在研究方法上，很可得益。但所注只以在特别情状之下为限，至于某项史事，当然出于某书某处的——如引据必先正史，某帝某人之事，即在其本纪列传中。经济现象在《食货志》，官制在《百官志》之类——那就注不胜注，只好不注了——好在这原是不消注得的。

一　研究科学，贵于注重客观的事实，减少主观搀杂的成分。这在自然科学尚然，何况历史……是社会科学。至于编纂历史教科书，则更甚一层。因为傥将编者的意见参入，不但减少学者研究的精神，而且教者与编者，意见不同，便生窒碍。所以本书是只叙事实，不参议论。但是前此学者的议论，实系公允，而且成为史学界的常识的，也宜为相当的输入，仍一一注明其出处。

一　考据无论如何精确，总只能算考据，不能算事实，这是原则。但是亦有一种例外，如第一编第三章第三节是。这不是把考据径当作事实，其实古人此等形式的记载，不能真当作事实，也久成为史学上的公例。这等处不是好翻案，若一模糊，便史学上种种原则，都推翻了。这是断不能随声附和的。但我到此等处，格外谨慎，所引的全是前此学者的成说，断不参入一毫自己的见解。

一　读史地图、年表、系谱，都是读史者必须备的书。故本书中概不附入。偶然附入地图、系谱数处，都是为普通地图、系谱所不详的。

一　专倚赖教科书，亦是一病。本书中偶附图表，都与课文不相重复。一者补普通图谱所不备，二者练习学生读图谱的能力。

目　录

第一编　上 古 史

第二编　中古史上

第三编　中古史中

第四编　中古史下

第五编　近古史上

第六编　近古史下

第七编　近世史上

第八编　近世史下

第九编　最近世史上

第十编　最近世史下

第一编　上古史

第一章　汉族之由来

中华民国，合汉、满、蒙、回、藏五族而成，而其始建国者，则为汉族。

汉族之始，似自今中央亚细亚高原，迁徙入中国本部。因其入中国后祭"地祇"，《周官·春官·大宗伯》"以黄琮礼地"，"注此……礼地以夏至，谓神在昆仑者也"。《典瑞》"两圭有邸，以祀地旅四望"，注："祀地，谓所祀于北郊神州之神。"疏："案《河图括地象》，昆仑东南万五千里，神州是也。"仍有"昆仑之神"与"神州之神"之别也。

古代所谓昆仑《尔雅》：河出昆仑墟。《史记·大宛列传》《禹本纪》言河出昆仑。有二：一在黄河发源之处，一在今青海境。在青海境之昆仑，《禹贡》：织皮昆仑、析支、渠搜，西戎即叙。《正义》郑玄云：衣皮之民，居此……三山之野者，皆西戎也。……郑以昆仑为山，谓别有昆仑之山，非河所出者也。……《释文》马云：昆仑在临羌西。案临羌，在今甘肃西宁县境。为西戎所居；则汉族所居之昆仑，当在黄河上源。而古代所指为河源《大宛列传》：汉使穷河源，河源出于阗。其山多玉石，采来。而天子案古图书，名河所出山曰昆仑云。案汉代去古未远，武帝所案，必非无据，不得以后世河源异说疑古书也。今所谓黄河上源，在古代乃西戎所居。者，实为今于阗河。然则汉族殆自中央亚细亚高原，由今新疆至甘肃之路，入中国本部者也。

第二章　古史之年代及帝系

《史记》纪年，起于共和，君主世系，则起自黄帝。自此以前，"年代"、"帝系"，皆无可征。

《春秋纬》谓开辟至获麟，凡三二七六〇〇〇〇年，分为十纪。其说荒渺，不甚可信。见司马贞《补三皇本纪》。

又有天地开辟，首生盘古之说，亦非雅言。参看《绎史》所引《三五历记》、《五运历年记》。

古帝事迹之可考者，当推三皇五帝。《周官·外史》：掌三皇五帝之书。注三皇五帝以前，为九皇六十四民，乃上古无名号之君，则古帝事迹之可考者，实始于三皇五帝也。三皇五帝，亦异说纷如。然当以《尚书大传》遂人、伏羲、神农为三皇，及《史记·五帝本纪》所说五帝为较信。三皇异说有四：（一）司马贞《补三皇本纪》：天地初立，有天皇氏……兄弟十二人，立各一万八千岁。地皇……十一人……亦各万八千岁。人皇……兄弟九人。分长九州……凡一百五十世，合四万五千六百年。（原注：……出《河图》及《三五历》……）（二）《白虎通》正说同《尚书大传》，又列或说曰：伏羲，神农，祝融也。（三）《礼记·曲礼正义》：……郑玄……注《中候敕省图》，引《运斗枢》，伏羲，女娲，神农为三皇。……（四）《史记·秦始皇本纪》：令丞相御史曰：……其议帝号。丞相绾……等皆曰：臣等谨与博士议曰：古有天皇，有地皇，有泰皇；泰皇最贵。……（《索隐》：天皇、地皇之下，即云泰皇，当人皇也……）案第一说亦近荒渺，姑置勿论。伏生者，秦博士之一，《大传》曰：遂人以火纪，火太阳。……故托遂皇于天。伏羲以人事纪，故托羲皇于人。……神农悉地力，种谷蔬，故托农皇于地。则第四说与《大传》同。《补三皇本纪》述女娲氏事曰：当其末年，诸侯有共工氏……与祝融战，不胜；而怒，乃头触不周山，"天柱"折，"地维"缺。女娲乃炼五色石以补天。……上言祝融，下言女娲，则祝融、女娲系一人。第二第三亦即一说。盖前者为今文家言，后者为古文家言也。五帝异说，惟郑玄以德合"五帝座星"者即为帝，增少昊为六人。见《曲礼正义》。**据此：三皇非必身相接，而五帝则有世系可稽。**

更以《汉书·律历志》所推年代计之，唐尧元年，在秦并天下前二一三二年，即在民国纪元前四八八〇年（西元前二九六九）也。

第三章　三皇五帝时代

第一节　社会进化之状况

三皇时代社会进化之状况，《白虎通》及《易系辞》述之。

【燧人】　钻木取火，教民熟食。

【伏羲】　始作"八卦"。……作结绳而为网罟，以佃以渔。

【神农】　制耒耜，教民农作。日中为市致天下之民，聚天下之货，交易而退，各得其所。

五帝之事，亦见《易系辞》。

黄帝、尧、舜，垂衣裳而天下治。《正义》：自此以下，凡有九事……黄帝制其初，尧、舜成其末。……垂衣裳者，以前衣皮，其制短小；今衣丝麻布帛，其制长大……也。

刳木为舟，剡木为楫。

服牛乘马，引重致远。

重门击柝，以待暴客。

断木为杵，掘地为臼。

弦木为弧，剡木为矢。

上古穴居而野处，后世圣人易之以宫室。上栋下宇，以待风雨。

古之葬者：厚衣之以薪；葬之中野，不封不树；丧期无数。后世圣人易之以棺椁。

上古结绳而治,后世圣人易之以书契;百官以治,万民以察。

案社会进化,必自渔猎而游牧,自游牧而耕稼。吾国燧人时,盖在渔猎时代;至伏羲则进为游牧,神农乃入于耕稼。耕稼时代,民始土著;建国之雏形已具,而生活程度亦日高。故衣服、宫室、器用、葬埋之制,日臻美备。交通、贸易之事兴,战攻、守御之事,亦随之而起。迨文字兴,而文化乃日益进步矣。

第二节　炎黄之战争

黄帝与炎帝,同出少典;《史记·五帝本纪索隐》:诸侯国号,非人名也。而黄帝姓姬,炎帝姓姜。《国语·晋语》。《史记·五帝本纪》谓:

轩辕之时,神农氏世衰;诸侯相侵伐,暴虐百姓,而神农氏弗能征。……炎帝欲侵陵诸侯,诸侯咸归轩辕。轩辕……与炎帝战于阪泉之野,三战然后得其志。蚩尤作乱……黄帝……征师诸侯,与蚩尤战于涿鹿之野《史记》注:涿鹿城东有阪泉;又云,涿鹿在上谷。按皆在今察哈尔涿鹿县。……禽杀蚩尤。而诸侯咸尊帝为天子,代神农氏。

近人或云:蚩尤为苗族酋长;苗族实先汉族入中国,至蚩尤时,乃为黄帝所逐。此因古人以蚩尤为九黎之君,《书·吕刑》伪孔传,《释文》引马融说,《战国策·秦策》高诱注。又以苗民为九黎之君致误。《礼记·缁衣正义》引《吕刑》郑注。案此民字为九黎之君之贬称,非人民之谓。古所谓苗者,为三苗之国,非后世之苗族。三苗之国,在洞庭、彭蠡之间,不能与黄帝战于涿鹿。《韩诗外传》:衡山在南,岐山在北;左洞庭之陂,右彭蠡之泽。《战国策·魏策》《史记·吴起列传》略同。古人祖孙父子,同蒙一号者甚多,为九黎之君之苗民,或系蚩尤之子孙;而与黄帝战之蚩尤,则实非九黎之君也。又《五帝本纪》述炎帝之事,词颇错乱。

既曰神农氏世衰,诸侯相侵伐,暴虐百姓,弗能征;又曰炎帝欲侵陵诸侯。案《史记》多同《大戴礼》,而今《大戴礼·五帝德》篇,只有与炎帝战于阪泉之文,并无与蚩尤战于涿鹿之事。且炎帝、三苗,同为姜姓;《书·舜典》:窜三苗于三危。《释文》马王云:国名也。缙云氏之后为诸侯,盖饕餮也。《吕刑正义》:……韦昭云:三苗,炎之后。诸侯共工也。《淮南子·修务训》高注:三苗,盖谓帝鸿氏之裔子浑敦,少昊氏之裔子穷奇,缙云氏之裔子饕餮。三族之苗裔,故谓之三苗。案三族苗裔之说,似缘字义附会;且即如所言,亦仍有缙云氏之裔在内。《史记·五帝本纪集解》引贾逵云:缙云氏,姜姓也。炎帝之苗裔,与韦昭、马融说皆合。惟昭又谓为共工,似显与《书》之流共工窜三苗分举者背。然《国语·周语》:太子晋谓"共之从孙四岳佐禹"。"祚四岳国,命为侯伯。赐姓曰姜,氏曰有吕"。韦注引贾逵说,亦以共工为炎帝之后姜姓。又《后汉书·羌传》:西羌之本,出自三苗,姜姓之别也。阪泉、涿鹿,又皆在上谷。《史记索隐》引皇甫谧,《集解》引张晏。则此炎帝与蚩尤,或实系一人,而《史记》讹为两事。抑或《史记》原文,亦如《大戴礼》,而为后人所窜乱,《史记》为后人窜乱处极多,可看崔氏适《史记探原》。皆未可知也。

第三节 尧舜之禅让

颛顼、帝喾两代,无甚大事可见。至尧舜时代,则有两大事:一为尧舜之禅让,一为禹之治水。

尧舜之禅让:《史记》谓尧在位七十年,让位与四岳,四岳辞让。尧令悉举贵戚及疏远隐匿者。众共告帝以虞舜。尧乃妻舜以二女,以观其德。又试之以政。以为圣,乃使摄行天子之政。尧知子丹朱不肖,乃"权"授舜以天下。尧崩,三年之丧毕,舜让丹朱于南河之南。诸侯之朝觐、讼狱、讴歌者,皆不归丹朱而归舜。舜乃即天子位。舜之授禹略同。禹立,举皋陶授之政。而皋陶卒,乃举益授之政。益佐禹日浅，而禹子启贤，天下属意焉。禹崩，诸侯皆去益而朝启，启遂即天子位。

《史记》之说，与《尚书》、《孟子》略同，盖儒家之说也。司马谈崇信道家，司马迁则系儒家之学，读《太史公自序》可见。然禅让之事，刘知幾已疑之。《史通·疑古篇》。而据近人所考证：则尧之长子曰朱，实不得其死。《癸巳类稿·朱证》。而书所谓流共工于幽州，放驩兜于崇山，窜三苗于三危，殛鲧于羽山《史记》幽州作幽陵，注引《括地志》，谓故龚城在檀州燕乐县界，舜流共工居此。按燕乐县在今河北密云县。《通典》湖南澧阳县有崇山，即放驩兜之所。按澧阳即今澧县。三危，《史记正义》俗名卑羽山，在沙州敦煌县。按敦煌县，今属甘肃。羽山，《史记正义》引《括地志》云，在沂州临沂县界。按临沂县今属山东。者，共工、驩兜与鲧，在尧时实皆为四岳。宋翔凤《尚书略说·四岳》。其事亦不无可疑。近人孔子"托古改制"之说，似可信也。自来致疑于禅让之说者，如《竹书》则有"囚尧""偃朱"之说。（《史记·五帝本纪正义》引。今本《竹书纪年》，系明以后之伪书。）又《韩非子·外储说》《忠孝》、《淮南子·齐俗训》诸篇皆是，但《竹书》不甚可信；而《韩非》《淮南》之说，亦不足以服儒家之心；故但就儒家所传之事之可疑者，略引以证之。

第四节 禹 之 治 水

尧时有"洪水"之患，尧使鲧治之。九年而功不成。及舜摄政，乃殛鲧，而以治水之事命其子禹。

《孟子》述水患之情形曰："草木畅茂，禽兽繁殖。五谷不登，禽兽逼人。兽蹄鸟迹之道，交于中国。"又曰："民无所定，下者为巢，上者为营窟。"则当时之水患，盖平地尽没于水，人乃避居高处，以致不得安其生也。

其述治水之功则曰："舜使益掌火，益烈山泽而焚之，禽兽逃匿。

禹疏九河,瀹济、漯,而注之海;决汝、汉,排淮、泗,而注之江。……后稷教民稼穑,树艺五谷。"与《史记》"禹……与益、后稷奉帝命"之说合。当时治水,盖禹为主而益、稷佐之。而其所专力,则四渎也。

《尚书大传》:江、淮、河、济为四渎。《孟子》之说,多与《大传》合,疏九河,瀹济、漯,决汝、汉,排淮、泗,正系以江、淮、河、济并举。其言而注之江者,乃因上文言而注之海,故易其辞以避复重而谐音节。古书此等处甚多,不可拘泥。下篇"水由地中行,江、淮、河、汉是也"。"汉"字或"济"字之讹,(古者以南北两大水对举,则曰"河汉",如《庄子·逍遥游》"吾惊怖其言,犹河汉而无极也"是也。专举南方之大水,则曰江汉,如《孟子》"江汉以濯之"是也。河汉二字,本为连用之一词类,故有此误。)或以古者江、淮、河、济,其流互通,故不妨互言以见意。要之江、淮、河、济,为当时独流入海之四大水,故举以包括其余之支流也。参看《建设杂志》二卷六号《通信》。

第四章　夏殷及西周

第一节　夏太康失国及少康中兴

有夏一代,除太康失国,少康中兴外,无事可见。

《伪古文尚书》谓太康畋于有洛之表,"伪孔传"谓夏都安邑,然其说实不可信,参看下节。十旬弗反。有穷后羿,因民弗忍,距于河。然据《墨子》《离骚》及《左氏》,《墨子·非乐篇》、《左氏》襄四年及哀元年。则夏之失国,由启好音乐。太康兄弟五人,遂失国而居于闾巷。后羿自鉏迁于穷石,杜注但云,鉏,羿本国名,与穷石皆不言其地。《水经注》:大河故渎……西流经平原鬲县故城西……故有穷后羿国也。案鬲县,今山东德县。因夏民以代夏政。羿好田猎,为其臣寒浞所杀。杜注:寒国,北海平寿县有寒亭。案平寿,今山东潍县。浞使子浇灭斟灌、斟寻氏,遂灭夏后相。杜注:乐安寿光县东南有灌亭,北海平寿县东南有斟亭。案寿光,今山东寿光县。《史记集解》贾逵云:斟灌、斟寻,夏同姓也。夏后相依斟灌而国,故曰灭夏后相也。处浇于过,处豷于戈。杜注:过、戈,皆国名。东莱掖县北有过乡。戈在宋郑之间。案掖县,今山东掖县。帝相之亡也,后缗方娠,逃归有仍,梁履绳《左通补释》:……《春秋》桓五年,天王使仍叔之子来聘,《穀梁经传》并作任叔。……案《地理志》东平有任县,盖古仍国。案任县,今属河北。生少康。浇使人求之,少康奔虞。虞思妻以二姚而邑诸纶。

杜注：梁国有虞县。纶,虞邑。案虞县,今河南虞城县。《郡国志》：梁国虞县有纶城,少康邑。有田一成,有众一旅。遗臣靡,自有鬲氏,杜注：有鬲,国名。今平原鬲县。收斟灌、斟寻之烬,以灭浞而立少康。遂灭过、戈。

第二节　商 之 兴 亡

商之先曰契,封于商。自契至汤,八迁。汤始都亳,从先王居。

汤征诸侯,自葛始。遂伐韦、顾。桀初都阳城,后与昆吾同处。汤伐之,桀奔鸣条,遂放而死。汤即天子位。

汤崩,太子大丁未立而卒,乃立大丁之弟外丙。二年而崩。立外丙之弟仲壬,四年而崩。乃立大丁之子太甲。太甲既立,三年,不明,暴虐。伊尹放之桐宫,摄行政当国,以朝诸侯。三年,太甲悔过,乃迎归亳,授之政。外丙、仲壬之立,《史记》文本明白;《孟子》赵注,亦无异说(《万章上》)。《伪古文尚书·伊训》《太甲》两篇,及《伊训》《肆命》《徂后》序伪传,乃谓汤崩,太甲立,即以其年为元年;伊尹放之于桐宫。至三年服阕,乃迎之归。遂无以处外丙、仲壬二君,并《史记》之太甲既立三年而伊尹放之,放之三年而又迎归,前后共六年者,亦变为三年矣。郑珍《巢经巢经说》云：《春秋外传》姜氏告公子重耳曰：商之享国三十一王。又《大戴·保傅篇》云：殷为天子三十余世,而周受之。《少间篇》孔子告哀公曰：成汤卒崩,二十二世乃有武丁。……据此,则商之有二帝,确然无疑。案《春秋繁露》谓主天者法商而王,故立嗣予子,笃母弟;主地者法夏而王,故立嗣予孙,笃世子。《三代改制质文篇》。《公羊》隐七年传注：母弟,同母弟。母兄,同母兄。则商之继承法,盖"兄弟相及,而以同母之弟为限"。同母弟尽立后,盖还立长兄之子。故仲壬崩而立太甲也。其"父死子继"之法,则实至周而始备也。《韩诗外传》：五帝官天下,三王家天下。……故自唐、虞以上,经传无太子称号。夏、殷之王,虽则传嗣,其文略矣。至周,始见"文王世子"之制(《太平御览》卷一百五十九）。商代治乱，《史记》所述如下。

【太甲】　修德，诸侯咸归殷，百姓以宁。

【雍己】　殷道衰，诸侯或不至。

【大戊】　殷复兴，诸侯归之。

【河亶甲】　殷复衰。

【祖乙】　殷复兴。

【阳甲】　自仲丁以来，废"适"而更立"诸弟子"；此"适"字兼弟及子言。弟子或争相代立；比九世乱。诸侯莫朝。

【盘庚】　殷道复兴，诸侯来朝。

【小辛】　殷复衰。

【武丁】　修德行政，天下咸欢。殷道复兴。

【帝甲】　淫乱，殷复衰。

【帝乙】　殷益衰。

至纣而亡。

又殷一代，都邑屡迁，而恒在大河南北，似因河患而然也。

案亳有三：一在今陕西商县，为契本封，《史记》所谓"汤始居亳，从先王居"者也。一在今河南商丘、夏邑、永城三县境。汤伐葛时，《孟子》谓其"与葛为邻"，盖在此。一在今河南偃师县，盖灭夏后所都。参看王鸣盛《尚书后案》卷六，魏源《书古微·汤誓序发微》）。

"伪孔传"谓桀都安邑，不足信。《汉书·地理志》注引《世本》，《续汉书·郡国志》注引《汲冢纪年》，皆谓禹都阳城。金鹗《求古录·礼说桀都安邑辨》谓桀都洛阳非是，而其论桀都必在今河洛间境，则甚精核。桀盖仍都阳城也。

昆吾有二：一在今河北濮阳县，见《左》哀十七年。一在今河南许昌县，见《左》昭十二年。《国语》韦注谓夏衰，昆吾为夏伯,迁于旧许,则桀时昆吾在今许昌。

《孟子》:舜生于诸冯,迁于负夏,卒于鸣条,东夷之人也。《书·汤誓序疏》郑玄云:鸣条,南夷地名。案《吕氏春秋·简选篇》:殷汤登自鸣条,乃入巢门。《淮南·主术训》:汤困桀鸣条,禽之焦门。《修务训》:汤整兵鸣条,困夏南巢;谯以其过,放之历山。则鸣条与南巢相近。(南巢,今安徽巢县。历山,《荀子·解蔽篇》作亭山,杨注南巢之山。)

桐宫,《史记正义》引《晋太康地记》云:尸乡南有亳阪,东有城,太甲所放处也。案尸乡,在偃师西南五里。

殷后王之迁都者:仲丁迁于隞(《书序》作嚣),在今荥泽;河亶甲迁于相,在今内黄,俱见《史记正义》引《括地志》;祖乙迁于邢(《书序》作耿),《正义》引皇甫谧,谓为河东皮氏县之耿乡(今山西河津县),似不如《通典》谓在邢州(今河北邢台县)者为确;盘庚迁亳,即偃师,见《书疏》引郑玄说;武乙迁于河北,据《史记·项羽本纪集解》引应劭说,似即洹水南殷虚,在今河南安阳县。

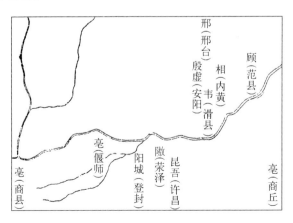

第三节　周 之 兴

周之先曰弃,封于邰,_{今陕西武功县。}号为后稷。其后世居稷官。至不窋,乃失官,而奔戎狄之间。_{《史记·周本纪》封弃于邰,号曰后稷。……后稷之兴,在陶唐、虞夏之世,皆有令德。后稷卒,子不窋立。"号曰后稷"之后稷,指弃;"后稷之兴"之后稷,则统指弃以后不窋以前居稷官者;"后稷卒"之后稷,则不窋之父也。}不窋,孙公刘,复修后稷之业,居邠。_{今陕西邠县。}至太王,为狄所逼,徙岐山下。_{今陕西岐山县。}太王贬戎狄之俗,营筑城郭宫室,旁近诸国皆归之。传子季历以及文王。

文王尝为纣囚于羑里,已而释之。使为西伯,得专征伐。时荆、梁、雍、豫、徐、扬六州,皆归文王。_{见《郑诗谱》。}文王仍服事殷。后乃"受命"称王。伐犬戎,伐密须,败耆,伐邘,伐崇侯虎。作丰邑,_{《汉书·地理志》:安定阴密县,《诗》密人国。案今甘肃灵台县。耆,今《尚书》作黎,《说文》作𦏉,云上党东北。案今山西晋城县。《史记集解》徐广曰:邘城,在野王县西北。案野王,今河南沁阳县。崇即丰,《说文》作酆,云在京兆杜陵西南。案《汉书·地理志》注:杜陵,在长安南五十里。}自岐下徙都之。文王受命后七年而崩。受命后九年,武王东观兵,至孟津。_{今河南孟县南。}复归。后二年,乃灭纣。以殷余民封纣子武庚,而使弟管叔、蔡叔监之。十三年,武王崩。成王幼,周公摄政。管、蔡、武庚叛,淮夷、徐戎并应之。_{参看第六章第二节。}周公东征,二年而毕定。乃营洛邑为东都,_{今河南洛阳县。}致政于成王焉。

第四节　西周之始末

成康之时,号为周之治世。至昭王,南巡守不返,卒于江上。_案

《左氏》，齐桓公伐楚，管仲责楚以"昭王南征而不复"，屈完对"君其问诸水滨"。杜注谓"昭王时汉非楚境，故楚不受责"。然据宋翔凤《楚粥熊居丹阳武王徙郢考》，则楚初封实在丹、浙二水入汉处，后乃拓地而南。然则昭王时汉正楚境也。故《吕氏春秋·季夏纪》谓昭王亲将征荆蛮。《索隐》引宋忠，亦云昭王南伐楚，则是役，盖伐楚而败也。

穆王作《吕刑》，征犬戎，王室复宁。穆王游行之事，仅见《史记·赵世家》及《左》昭十二年，其词皆甚略。今详见《列子·周穆王篇》及《穆天子传》。然二书皆不甚可信。懿王时，王室遂衰。厉王立，用荣夷公。好利，国人谤王。王得卫巫，使监谤，以告则杀之。国人叛，袭王，王奔彘。今山西霍县。周、召二相行政，号曰"共和"。又有谓共国之伯名和，行天子之事者，说不可信，见《史记索隐》。共和十四年，王死于彘。宣王立，二相辅之修政，诸侯复宗周。宣王崩，子幽王立。宠褒姒，废申后而立之。褒国，今陕西襄城县。申国，今河南南阳县。并废太子宜臼，而立褒姒子伯服。申侯与犬戎伐周，弑幽王骊山下。骊山，在今陕西临潼县。诸侯共立宜臼，是为平王。东迁于洛。

第五章　春秋战国

第一节　春　秋

　　周平王四十九年，即鲁隐公元年（前二六三三，西元前七二二），至孔子卒之岁（周敬王四十一年，前二三九〇，西元前四七九），凡二四二年，谓之"春秋时代"。当此时代，列国之史实，多可考见；非如前此所知者，仅一王朝之大略而已。

　　春秋时代，大国为齐、晋、秦、楚，其后起者则吴、越；较小之国，则鲁、卫、郑、许、曹、宋、陈、蔡等。

　　创霸者为齐桓，尝伐山戎以救燕，却狄以存邢、卫，南伐楚，盟于召陵（前二五六七，西元前六五六）。今河南郾城县。齐桓公卒，宋襄公继之，图霸。为楚人败于泓，水名，在今河南柘城县。伤股而卒。楚人之势力大振。前二五四三年（西元前六三二），晋文公乃败之于城濮。今山东城濮县。晋文公卒，秦穆公潜师袭郑，晋襄公败诸崤。山名，今河南永宁县。穆公仍用孟明，增修德政。卒伐晋，败之。遂霸西戎。晋襄公后，灵公无道，而楚庄王强。前二五〇八年（西元前五九七），败晋于邲，今河南郑县。称霸。庄王卒后，子共王立。与晋厉公战于鄢陵，今河南鄢陵县。败绩。厉公旋被弑。悼公立，楚仍与晋争郑。至前二四七三年（西元前五六二），郑乃服晋。前二四五七

年(西元前五四六),宋向戌为弭兵之盟,请"晋楚之从交相见"。襄二
十七年。案《左》成十一年,又有华元合晋楚之成,系误析一事为两。见崔适《春
秋复始》卷三十八。自是晋楚之兵争息,而吴、越盛矣。

吴本僻处蛮夷,前二四九五年(西元前五八四),申公巫臣适吴,
教之射御战阵,乃骤强。自是世与楚争,楚常不胜。前二四一七
年(西元前五〇六),吴阖闾攻楚,入郢。楚昭王奔随。郢,楚都,今湖
北江陵县。随,今湖北随县。旋以秦援,复国。前二四〇八年(西元前
四九七),阖闾伐越,伤而卒。子夫差立,败越。越王句践,栖于会稽
之山以请成。今浙江绍兴县。许之。夫差遂北伐齐、鲁,与晋争长于
黄池(前二三九三,西元前四八二)。今河南封邱县。越乘之入吴。前
二三八四年(西元前四七三),吴遂为越所灭。句践北会齐、晋于徐
州,今山东滕县。称霸王焉。

第二节　战　　国

春秋以后,又二百五十八年,而天下始归于统一。当是时:晋
为韩、赵、魏所分(前二三一四,西元前四〇三),齐亦为其大夫田氏
所篡(前二二九七,西元前三八六)。越灭于楚(前二二四五,西元前
三三四),而燕日强。天下分为战国七,史称之曰"战国时代"。

战国之初,秦极弱。河西、上郡,河西,谓黄河以西,今陕西之大荔、
澄城等县。上郡,今陕西榆林县至河套一部分。皆为魏所据。前二二七一
年(西元前三六〇),秦孝公立。用商鞅,定变法之令。秦乃骤强。
攻魏,取河西(前二二五一,西元前三四〇)。魏去安邑,徙都大梁。
安邑,今山西安邑县。大梁,今河南开封县。秦旋又取上郡。于是苏秦说
六国"合纵"以摈秦(前二二四四,西元前三三三)。未几,纵约皆解。
张仪又说六国"连衡"以事秦,然亦不能久也。

秦既破魏,又灭蜀。败楚,取汉中。蜀,今四川。汉中,今陕西南部。攻韩,取宜阳。今河南宜阳县。于是长江、黄河两流域,皆为秦人所临制。前二一八六年(西元前二七五),秦白起伐楚,取郢。楚东北徙都陈(后又徙寿春)。郢,今湖北江陵县。陈,今河南淮宁县。寿春,今安徽寿县。前二一七三年(西元前二六二),秦伐韩,拔野王。上党降赵。秦败赵军于长平,坑降卒四十万。遂拔上党,北定太原。前二一六八年(西元前二五七),围邯郸。魏公子无忌败之。野王,今河南沁阳县。上党,今山西晋城县。长平,谷名,在今山西高平县。太原,今山西太原县。邯郸,赵都,今河北邯郸县。

前二一六七年(西元前二五六),周赧王谋与诸侯攻秦。秦伐周。赧王入秦,尽献其地,归而卒。洛阳有二城:西曰王城,东曰成周。周敬王自王城徙居成周。至考王,封弟揭于王城,谓之西周君。揭孙惠公,复自封其少子班于巩(今河南巩县),是为东周君。赧王之入秦,西周君随亡。东周君又七年,乃为秦所灭。前二一四一年(西元前二三〇),秦灭韩。前二一三九年(西元前二二八),灭赵。赵公子嘉自立为代王,与燕合兵,军上谷。今河北怀来县。燕太子丹使荆轲刺秦王,不中。秦大发兵围燕,燕王奔辽东。前二一三六年(西元前二二五),秦灭魏。前二一三四年(西元前二二三),灭楚。明年,大发兵,攻辽东,虏燕王喜。还灭代,虏王嘉。又明年,自燕南灭齐。天下遂统一。

第六章　古代之疆域及种族

第一节　古代之疆域

言古代之疆域者，似可以"五服"、"九服"里数及封建国数为据，五服见《禹贡》，九服见《周官》。

《禹贡》：五百里甸服：百里赋纳总，二百里纳铚，三百里纳秸服，四百里粟，五百里米。五百里侯服：百里采，二百里男邦，三百里诸侯。五百里绥服：三百里揆文教，二百里奋武卫。五百里要服：三百里夷，二百里蔡。五百里荒服：三百里蛮，二百里流。

《今尚书》欧阳夏侯说：中国五千里（《王制正义》引《五经异义》）。史迁同（《诗·商颂正义》）。

贾逵、马融以为甸服之外，百里至五百里采，特有此数。……其侯、绥、要、荒服，各五百里（《禹贡正义》）。

《古尚书》说，五服旁五千里，相距万里。许慎从之（《王制正义》引《五经异义》）。郑玄以为尧制五服，服各五百里。要服之内四千里曰九州，其外荒服曰四海。禹平水土之后，更以五百里辅之。五百里甸服……是尧旧服。百里赋纳总……是禹所弼（《诗·商颂正义》）。案郑后说与《周官》合。《周官·夏官·职方氏》：方千里曰王畿，其外方五百里曰侯服，又其外方五百里曰甸服，又其外方五百里曰男服，又其外方五百里曰采服，又其外方五百里曰卫服，又其外方五百里曰蛮服，又其外方五百里曰夷服，又其外方五百里曰镇服，又其外方五百里曰藩服。

荒　　服								
			要　　服	荒服				
			绥　　服	要服				
			侯　　服	绥服				
百里	赋纳	铚	五百	里米 侯服				
			甸　　服	甸服				

三百里蛮二百里流══周官藩服

荒服══周官镇服

三百里夷二百里蔡══周官夷服

要服══周官蛮服

三百里揆文教二百里奋武卫══周官卫服

绥服══周官采服

百里采……三百里诸侯══周官男服

侯服══周官甸服

百里总……五百里米══周官侯服

甸服══周官王畿

然皆系"设法"之辞。谓假设为法,见《周官·职方》郑注。

其言九州疆域及四至者,以有山川及地名,较为可据。九州之名,《禹贡》《尔雅》《周官》,说各不同。《禹贡》《尔雅》《周官》九州异同如下。

《禹贡》	《尔雅》(郭璞注:此盖殷制)	《周官》
冀州(郑注:两河间曰冀州。《公羊》庄十年疏引)	两河间曰冀州　燕曰幽州	东北曰幽州　河内曰冀州　正北曰并州

续 表

《禹贡》	《尔雅》(郭璞注:此盖殷制)	《周官》
济河惟兖州	济河间曰兖州	河东曰兖州
海岱惟青州	齐曰营州	正东曰青州
海岱及淮惟徐州	济东曰徐州	
淮海惟扬州	江南曰扬州	东南曰扬州
荆及衡阳惟荆州	汉南曰荆州	正南曰荆州
荆河惟豫州	河南曰豫州	河南曰豫州
华阳黑水惟梁州		
黑水西河惟雍州	河西曰雍州	正西曰雍州

《王制》:四海之内九州。州方千里。州建百里之国三十,七十里之国六十,五十里之国百有二十,凡二百一十国。……八州。州二百一十国。天子之县内,方百里之国九,七十里之国二十有一,五十里之国六十有三,凡九十三国。……九州,千七百七十三国。

二一〇	二一〇	二一〇
二一〇	九三	二一〇
二一〇	二一〇	二一〇

《周官·职方氏》:凡邦国千里,封公以方五百里则四公,方四百里则六侯,方三百里则七伯,(当作十一伯。)方二百里则二十五子,方百里则百男。

《王制》郑注:此大界方三千里,三三而九,方千里者九也。其一为县内,余八各立一州。此殷制也。周公制礼,九州大界方七千里,七七四十九,方千里者四十有九也。其一为畿内,余四十八州,各有方千里者六。

大概以今地较之,少两广、云贵、而四川则声教或及或不及。

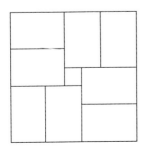

然九州之内,仍有异族杂居。《尔雅》:东至于泰远,西至于邠国,南至于濮铅,北至于祝栗,谓之四极。孤竹、北户、西王母、日下,谓之四荒。九夷、八狄、七戎、六蛮,谓之四海。郭注谓四海最近,四荒次之,四极最远。后儒或谓四极为中国使命所极，四荒更在其外。邠即公刘所居，濮在楚西南，祝栗即涿鹿音转；盖即四海之极边。朱绪曾《开有益斋经说》。案孤竹，《汉志》谓在辽西郡令支县，今河北卢龙县。北户之俗，后世后印度半岛诸国犹有之。见诸史四裔列传。西王母，《淮南子》云，在流沙之濒。《汉志》：金城郡临羌，西北至塞外有西王母石室。临羌，见第一节。四海之内，则为中国。《王制》所谓"西不尽流沙，南不尽衡山，东不尽东海，北不尽恒山；凡四海之内，断长补短，方三千里"者也。

第二节　与汉族杂居诸种族

古代杂居诸异族，最强大者，莫如獯粥。异译亦作猃狁；又作昆夷、畎夷、串夷；盖即后世之匈奴也。《史记·匈奴列传索隐》：晋灼曰：尧时曰獯粥，周曰猃狁。《诗·皇矣》：串夷载路。郑笺：串夷，即混夷。《正义》：书传作畎夷。盖"畎"、"串"声相近，后世作字异耳。或作犬夷，"犬"即"畎"字之省。案后世之胡字，盖即"畎"（犬）、"混"（昆）声转。此族初居今黄河流域。故《史记》称黄帝北逐獯粥，邑于涿鹿之阿。尧奠都太原，而《墨子》称其北教八狄。《汉书·地理志》：太原郡晋阳，故《诗》唐国。《水经·晋水注》同。张守节谓唐在平阳，盖泥《史记》唐叔封于河汾之东致误，不知太原固亦可称河汾之东也。顾亭林引《括地志》：故唐城在绛州翼城县西二十里，尧裔子所封；成王灭之，而封太叔。以为唐叔始封于翼，不知《括地志》此条实误，故又载有唐城在并州晋阳县北二里也。周自不窋至大王，尤屡为所窘。至武王，乃放逐之泾、洛以北。宣王时，又强盛。整居焦获；侵镐及方，至于泾阳。王命尹吉甫伐之，至太原。焦获，当即《尔雅》十薮之一。据郭注，在今陕西泾阳县。镐，方无考。惟《汉书·陈汤传》载刘向语有"千里之镐……"则镐当去周都千里。太原，顾亭林谓今固原一带。见《日知录》。至幽王，卒为犬戎所灭。春秋以后，此族或谓之戎，或谓之狄；参看《饮冰室集·中国历史上民族之观察》。而狄又有赤、白之分。赤狄多灭于晋，（惟中山至战国时灭于赵。）而西戎则多灭于秦。至战国时，中国拓地乃益远。《史记》称魏有河西、上郡，赵有云中、雁门、代郡，秦有陇西、北地，以与戎界边是也。河西，上郡，见前。云中，今山西大同县。代郡，今山西代县。陇西，今甘肃狄道县。北地，今甘肃宁县。

其在东北境者，则有山戎；战国时谓之东胡。燕将秦开袭破之，东胡却千余里。燕乃开上谷、渔阳、右北平、辽西、辽东五郡。上谷，见前。渔阳，今河北密云县。右北平，今河北卢龙县。辽东，今辽宁辽阳县。辽西，在卢龙之东。

其在西北境者，则有氐、羌。羌人为秦所逐，皆遁于河西。《后汉书·羌传》。

氐以巴氐为大宗，亦为秦所征服。《后汉书》之巴郡南郡蛮及板盾蛮。

其在今长江流域者，则有九黎。三苗君临之。见第三章第二节。案黎，后世作俚，亦作里，《后汉书·南蛮传》：建武十二年，九真徼外蛮里张游，率其种人，慕化内属。封为归汉里君。注：里，蛮之别号，今呼为俚人。其在淮水流域者，则有淮夷。以其在徐州，亦称徐戎。《禹贡》：淮夷蠙珠暨鱼。《正义》引郑云：淮水之上夷民。《费誓》：徂兹淮夷，徐戎并兴。"伪孔传"以为淮浦之夷，徐州之戎。北抵今山东半岛，又有莱夷。据《汉志》地在今山东黄县。莱夷为齐所灭。淮泗夷至秦有天下，乃悉散为人户。《后汉书·东夷传》。其在长江以南者，通称曰越。俗皆"断发文身"。《史记·越句践世家》《汉书·地理志》。又案文身之俗，散见《后汉书》《三国志》《南北史》者甚多。

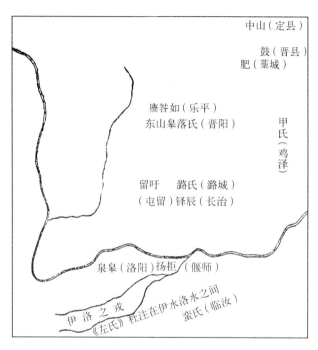

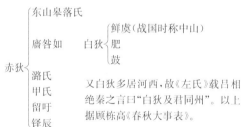

夏少康封庶子无余，为春秋时於越之祖。自此以南，为南越、闽越，则至秦汉时始入中国版图者也。

第七章　古代社会之政治组织

第一节　宗　　法

社会之初，莫不自"女系"而进于"男系"。故于文，女生为姓。迨男权日张，男系家族之制，日以确立；而姓氏之别，乃渐混同焉。氏为男系，姓为女系，见《通志·氏族略》。古之所谓"族"，犹兼用女系，而"宗"则纯乎男系也。九族，见《诗·王风·葛藟正义》引欧阳夏侯说，《白虎通·宗族篇》同。古文家以高曾至曾玄为九族，非。见俞樾《九族考》。

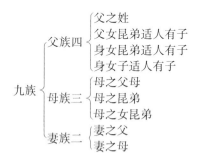

宗有"大宗"、"小宗"；大宗为始祖之后，百世不迁。小宗则五世而迁。小宗既迁，则向以小宗为宗之人，皆由大宗收恤之。故有一大宗之子，则其始祖之后，皆能团结不散。小宗之子分封者，对其本国虽为小宗，而在其所封之国，则为大宗。如周公在周为小宗，在鲁为大宗是也。诸侯更以其地分封其大夫亦如此。《礼记大传》《白虎通·宗族篇》。故曰："天下之本在国，国之本在家，家之本在身。"《孟子·离娄上》。

至于后世，诸侯既互相吞噬，大夫亦各肆并兼。吞并人者，看似地愈大而势愈强；实则此族之高居民上者，日以益少。至于最后，则高居民上者惟一人；欲去此一族者，去此一人可矣；秦之亡是也。参看《建设杂志》二卷六号《通信》。

第二节　封建及官制上

欲知古代之封建及官制，当知所谓"爵"与"禄"。公、侯、伯、子、男及卿大夫，皆谓之爵。而其所受之田，则谓之禄。此内官与外诸侯无异。所异者，一"世袭"，一不世袭而已。《王制》：天子之县内诸侯，禄也；外诸侯，嗣也。

《王制》言爵云：

> 公、侯、伯、子、男，凡五等。诸侯之上大夫卿、下大夫、上士、中士、下士，凡五等。《孟子·万章下》：天子一位，公一位，侯一位，伯一位，子、男同一位。凡五等，与《王制》小异。其曰：君一位，卿一位，大夫一位，上士一位，中士一位，下士一位。凡六等，则似异实同。

其爵与禄之相配则如下。《王制》：上农夫食九人，其次食八人，其次食七人，其次食六人，下农夫食五人，庶人在官者，其禄以是为差也。《孟子》：下士与庶人在官者同禄。盖言之详略不同。

爵			禄（田）
天子			方千里
公	侯	天子之三公	方百里
伯		天子之卿	方七十里
子	男	天子之大夫	方五十里
附庸		天子之元士	不能五十里

《王制》之爵及封地，《白虎通》以为周制，谓"殷爵之等……合子男从伯，或曰合从子"。郑玄则以此为殷制，谓周公定天下后，扩大诸侯封土。公方五百里，侯方四百里，伯方三百里，子方二百里，男方百里。

爵	禄
君	十卿禄
上大夫（卿）	四大夫　次国三大夫　下国倍大夫
下大夫	倍上士
上士	倍中士
中士	倍下士
下士	食九人
	食八人
庶人在官者	食七人
	食六人
	食五人

其诸侯统属之制，则《王制》述之云：

千里之外设方伯。五国以为"属"，属有长。十国以为"连"，连有率。三十国以为"卒"，卒有正。二百一十国以为"州"，州有伯。……八伯各以其属，属于天子之老二人。分天下以为左右，曰二伯。郑注《春秋传》曰：自陕以东，周公主之；自陕以西，召公主之。（案见《公羊·隐五年传》，《说苑·贵德篇》引《诗传》略同。）

然此要皆"设法"之辞，其实际未必尽如此也。

第三节　封建及官制下

内官则《王制》云：三公，九卿，二十七大夫，八十一元士。《白虎通》谓三公者，司马、司徒、司空也。《春秋繁露》谓二百四十三下士。诸侯三卿，九大夫，二十七上士。

古《周礼》说：

三公	太师 太傅 太保	三孤	少师 少傅 少保	六官	冢宰 司徒 宗伯 司马 司寇 司空

其地方区画：则《周礼》以五家为"比"，比有长。五比为"闾"，闾有胥。四闾为"族"，族有师。五族为"党"，党有正。五党为"州"，州有长。五州为"乡"，乡有大夫。（遂则为邻长，里宰，鄼长，鄙师，县正，遂大夫。）与古文家军制相应。《尚书大传》谓"古八家而为'邻'，三邻为'朋'，三朋而为'里'，五里而为'邑'，十邑而为'都'，十都而为'师'，'州'十有二师焉，与井

田之制相合"。

第四节　教　育　选　举

古代教育,有平民、贵族之不同。贵族教育,分大学、小学两级。天子大学曰辟雍,诸侯曰泮宫。诸侯之国,小学在公宫南之左,太学在郊;天子则反是。其教科:则春秋教以礼乐,冬夏教以诗书。参看《癸巳存稿·君子小人学道是弦歌义》。案古代教育,多与宗教相连。乐者,祀神所用。诗即其歌词。礼者,祀神之仪节。书则教中之古典也。其平民教育:则《公羊》何注宣十五年。所谓一里八十户,八家共一巷,中里为校室。选其耆老有高德者,名曰父老。……十月事讫,父老教于校室。八岁学小学,十五岁学大学。《孟子》所谓谨庠序之教,申之以孝弟之义。又云夏曰校,殷曰序,周曰庠者也。《梁惠王》及《滕文公上篇》。案此与《公羊》何注,皆与井田连类言之,故知为平民教育。

选举之法:《王制》云:

> 命乡论秀士,升之司徒,曰选士。司徒论选士之秀者而升之学,曰俊士。升于司徒者不征于乡;升于学者不征于司徒,曰造士。……大学正论造士之秀者,以告于王,而升诸司马,曰进士。司马辨论官材;论进士之贤者,以告于王,而定其论。论定,然后官之;任官,然后爵之;位定,然后禄之。

恐系托古改制之谈。《周官》:六乡六遂之官,皆有教民以"德行道艺"之责。三年大比,考其德行道艺,而兴"贤者"、"能者"于王。与《管子·小匡篇》所述相类。然其用之,至士而止;自大夫以上,则皆世官也。参看《癸巳类稿·乡贤兴能论》。

第五节　兵　　制

古代之兵制，今古文家所说不同。

军队之编制：五人为伍，五伍为两，四两为卒，五卒为旅，五旅为师，今古文同。惟今文家谓师为一军，天子六师，方伯二师，诸侯一师；古文家则以万二千五百人为一军，王六军，大国三军，次国二军，小国一军。《白虎通·三军篇》，《公羊》隐五年注。《周官·司马序官》。

其出赋之法：则今文家谓十井共出兵车一乘。公侯封方百里，凡千乘；伯四百九十乘；子男二百五十乘。《公羊》宣十五年、昭元年注。古文家据《司马法》，而《司马法》又有两说：一说以井十为通，通为匹马；三十家士一人，徒二人。通十为成，成十为终，终十为同，递加十倍。又一说以四井为邑，四邑为丘，有戎马一匹，牛三头。四丘为甸，戎马四匹，兵车一乘，牛十二头，甲士三人，步卒七十二人。一同百里，提封万井；除山川、沈斥、城池、邑居、园囿、术路三千六百井，定出赋六千四百井；戎马四百匹；兵车百乘；此卿大夫采地之大者也。诸侯之大者，一封三百六十里；天子畿方千里亦递加十倍。《左氏》及《周官正义》，皆以前者为"畿内法"，后者为"邦国法"。前说为郑注《周官·小司徒》所引；后说则郑注《论语》"道千乘之国"引之，见《小司徒疏》，即《汉志》所本也。

古代人民，有征服者与被征服者之别。征服者居国内，服兵役；被征服者居郭外，不服兵役，而止出赋。江永《群经补义·春秋》有一条论古代兵农非合一，可参照。故周官出兵，尚止六乡。朱大韶《实事求是斋·经义司马法非周制说》。至战国时，乃合全国之人而使之当兵。故其兵数动至数十万，《司马法》为战国时书，盖已举服兵役之责，均摊之于全国人也。如《司马法》后一说。则天子畿内，有甲士三万，卒七十二万，故孙子有"兴师十万，日费千金，怠于道路，不得操事者，七十万家"之说。

第六节　刑　　法

　　古之言刑辟者：今文家刑止于五，即墨、劓、剕、宫、大辟是。《周官》则更有要斩、磔、焚等刑。《书·吕刑》《周官·掌戮》。今文家刑人于市，不别贵贱；《礼记·王制》：刑人于市，与众弃之。案郑注《王制》，皆曲解为殷法，非是。古文家则有爵者与王之同族，行刑于甸师氏。《周官·甸师氏》《礼记·文王世子》。今文家刑不上大夫。"……盖……恐误刑贤者。……故有罪，放之而已。"而被放者亦自嫌有罪，以"古者疑狱三年而后断。……故三年不敢去"。《公羊》宣元年注。古文家则无此义。《曲礼正义》引《五经异义》。盖今文家言，为孔子托古改制之作，故倍文明也。

　　监狱：夏曰夏台，殷曰羑里，周曰囹圄。《北堂书钞》引《白虎通》、《意林》引《风俗通》同。《周官》：监狱之制，见《掌囚》《司圜》。

　　审判机关：《王制》云：成狱辞，史以狱之成告于正，正听之。正以狱之成告于大司寇，大司寇听之棘木之下。大司寇以狱之成告于王，王三又，然后制刑。《周官·大司徒》：凡万民之不服教者，与其地治者，听而断之；其附于刑者归于士。又《周官》有狱讼之别，"狱"为刑事，"讼"则民事也。

第八章　古代社会之经济组织

第一节　农 工 业 上

古代人民之职业,可分士、农、工、商四种,《汉书·食货志》:学以居位曰士,辟土殖谷曰农,作巧成器曰工,通财鬻货曰商。而农尤为立国之本。

欲知古代农业状况,必先知井田之法。古代税法有二:一为贡法,授之地而取其所获十分之一;一为助法,则以一里之地,画为九区;中为公田,八家各受私田百亩;同力以耕公田,而不复税其私田。孟子告滕文公:请野九一而助,国中十一使自赋。盖古者建国,多在山险之地;而野则平正易画分也。参看《建设杂志》二卷六号《通信》。

今录《公羊》何注一段于下,以见古代农民之生活状况。宣十五年。

　　……一夫一妇,受田百亩,以养父母妻子;五口为一家,公田十亩,所谓十一而税也;庐舍二亩半;凡为田一顷十二亩半。八家而九顷,共为一井,故曰井田。

　　种谷不得种一谷,以备灾害;田中不得有树,以妨五谷。还庐树桑荻杂菜;阮氏校勘记云:荻当作楸。畜五母鸡,两母豕,瓜果种疆畔。女上蚕织。老者得衣帛焉,得食肉焉;死者得葬焉。

　　多于五口,名曰余夫。余夫以率受田二十五亩。

　　司空谨别田之高下善恶,分为三品。上田一岁一垦,中田二岁一垦,下田三岁一垦。肥硗(饶)不得独乐,硗确不得独苦,故三年一换主易居。

　　在田曰庐,在邑曰里。一里八十户,八家共一巷。……选其耆老有高德者,名曰父老;其辩护伉健者,为里正;皆受倍田,得乘马。

　　民春夏出田,秋冬入保城郭。田作之时,春,父老及里正旦开门坐塾上;晏出后时者不得出,暮不持薪樵者不得入。五谷毕入,民皆居宅,里正趋缉绩。男女同巷相从夜绩,至于夜中;故女功一月得四十五日。

　　作从十月,尽正月止。男女有所怨恨,相从而歌;饥者歌其食,劳者歌其事。男年六十,女年五十,无子者,官衣食之,使之民间咏诗。乡移于邑,邑移于国,国以闻于天子;故王者不出牖户,尽知天下所苦,不下堂而知四方。

又《王制》:

　　冢宰制国用,必于岁之杪;五谷皆入,然后制国用。用地小大,视年之丰耗;以三十年之通,制国用,量入以为出。……国无九年之蓄曰不足,无六年之蓄曰急,无三年之蓄曰国非其国也。三年耕,必有一年之食;九年耕,必有三年之食。以三十年之通,虽有凶旱水溢,民无菜色,然后天子食,日举以乐。

一国之财政,全以农业为基础,可见其关系之重要矣。

第二节　农 工 业 下

耕地有"口分"之法。耕地以外之土地,则大抵皆为公有,但其取之,亦有一定之法度。故《王制》谓"名山大泽不以封",郑注:与民同利(财),不得障管。又谓"林麓川泽,以时入而不禁"也。又《王制》述田猎之法云:

> 天子不合围,诸侯不掩群。天子杀则下大绥;诸侯杀则下小绥;大夫杀则止佐车;佐车止则百姓田猎。獭祭鱼,然后鱼(虞)人入泽梁;豺祭兽,然后田猎;鸠化为鹰,然后设罻罗;草木零落,然后入山林;昆虫未蛰,不以火田,不麛,不卵,不杀胎,不殀夭,不覆巢。

此古代广义之农业也。

至于工业。则大抵简易之器具,由人民自为之;《考工记》:粤无镈,燕无函,秦无庐,胡无弓车。粤之无镈也,非无镈也,夫人而能为镈也;燕之无函也,非无函也,夫人而能为函也;秦之无庐也,非无庐也,夫人而能为庐也;胡之无弓车也,非无弓车也,夫人而能为弓车也。注:此四国者,不置是工也。言其丈夫人人皆能作是器,不须"国工"。其较难者,则国家特设专官,其官皆为世职。《考工记》:知者创物,巧者述之,守之世,谓之工。《考工记》所载:凡攻木之工七,攻金之工六,攻皮之工五,设色之工五,刮摩之工五,搏埴之工二。郑注:事官之属六十,此识其五材三十官,略记其事耳。其曰某人者,以其事名官也;其曰某氏者,官有世功,若族有世业,以氏名官者也。今其遗制,略见于《考工记》一书。

第三节　商　　业

古代商业,盖有二种:一在国中,《考工记》匠人营国,所谓"面朝后市"是也。一在野鄙,《公羊》何注所谓"因井田而为市"是也。宣十五年。其在国中者,公家有邸舍以便其藏庋什物,是之谓廛。《王制》谓"市廛而不税,关讥而不征";《周官》则必凶荒札丧,然后无征。

古代产业，大致皆自给自足，为消费而生产，非为交易而生产，故其生产，无得失可言。惟商人则以本团体内之物，与他团体交易，不得不用心于计度。《白虎通》：商之为言章也。故商人之智识恒独高。郑之建国，至与商人偕；而弦高等，至能救国家之危急。《左氏》昭十六、僖三十三年。

货币则龟贝、珠玉、金属及布帛之类杂用；而贝及布帛，为用最广。参看《饮冰室丛著·中国古代币材考》。铸钱盖始于周。《说文》：古者货贝而宝龟，周而有泉。史称："太公为周立……圜法，黄金方寸而重一斤；钱圜函方，轻重以铢；布帛广二尺二寸为幅，长四丈为匹。"盖货币之中，以此三者为最重要也。至秦并天下，黄金重量，改以镒计。钱质如周，文曰半两，重如其文。而珠、玉、龟、贝、银、锡之属，国家不以为货币。然各随时而轻重无常，盖民间仍用为易中也。

第九章　古代社会之文化

第一节　古代之宗教及哲学思想

一民族之思想,其初莫不偏于宗教,其后则渐进而为哲学。宗教及哲学,莫不各有其宇宙观及人生观。

吾国古者,盖认天地万物,为阴阳二力所造成。天地之生万物,犹人之有父母。故曰:"物本乎天,人本乎祖。"《礼记·郊特牲》。又曰:"有天地,然后有万物;有万物,然后有男女;有男女,然后有夫妇;有夫妇,然后有父子;有父子,然后有君臣。"《易·系辞》。而追溯其始,则阴阳二者,仍为同源,故曰:"易有太极,是生两仪。"《易·系辞》。

其论物质则以气为最小之分子。《乾凿度》云:《周易义疏八论》引。

> ……"太易"者,未见气也;"太初"者,气之始也;"太始"者,形之始也;"太素"者,质之始也。气、形、质具而未相离,谓之"混沌"。

其论气之凝成万物也,则曰:

> 水最微为一,火渐著为二,木形实为三,金体固为四,土质

大为五。《书·洪范疏》。

宇宙间同是物质,凝集紧密,则成为物,分散则复成为气;是即生死之现象。故曰:"精气为物,游魂为变,是故知鬼神之情状。"《易·系辞》。此等现象,古人认为循环的。故曰:"夫物芸芸,各归其根。归根曰静,是谓复命。"《老子》。

宗教幼稚之时,盖真以为万物皆天之所生。其后乃认天地与万物,同受一种自然力之支配。故极崇拜自然。崇拜自然,故主无为。无为非道家独有之义,亦非不事事之谓。诸子百家,无不讲利用自然力者。利用自然,不强逆自然以行事,即无为之谓也。宇宙万物,同受一种原动力之支配,故主守一,主执中。此种原动力之作用,认为循环的,故有祸福倚伏之义,故贵知雄守雌。以万物皆动而不已,由微而渐至于著,故贵正本,贵慎始,贵谨小慎微。

天地之生万物,犹人之有父母。故有天神必有地祇。物本乎天,人本乎祖,故次于神祇者为人鬼,而万物与人并生于天地之间。故有人鬼则必有物魅。

宗教上之所崇拜,遂皆摄于是四者。

统治之权,初盖以为出于天,而天子为之代表。最初之视天子,盖诚以为天之子。故有"感生"之说。《诗·生民疏》引《五经异义》。其后民智渐进,乃有"天视自我民视,天听自我民听"之义;《孟子·万章上》引《泰誓》。而人民遂隐操无上之权。为数千年后之民主政体,植极深厚之基础焉。

第二节　文字之起源及变迁

文字缘起,已见第三章第一节。《世本》谓仓颉造书,说者多以仓颉为黄帝史官,与释《易》者以后世圣人为黄帝合。惟《管子》谓封泰山禅梁父者七十二家，而夷吾所识十有二焉，则三皇五帝之前，文字发生已久。以上参看《尚书序疏》。盖文字缘社会之需要而生，原非一人所创作。特至黄帝时而其用始宏，故世遂指黄帝时为始有文字之时，指黄帝之史官为始造文字之人也。三皇五帝之世，文字改易颇多。及周宣王时，太史籀作大篆，与古文或异。七国时，文字亦颇殊异。秦有天下，丞相李斯乃奏同之，罢其不与秦文合者。斯等又取史籀大篆，或颇省改，是为"小篆"。而洛阳人程邈，又作"隶书"。隶书兴而文字益趋简易矣。以上参看《说文解字序》。序称：及亡新居摄……时有六书：……三曰篆书，即小篆，秦始皇帝使下杜人程邈所作也。四曰左书，即秦隶书。段氏谓"秦始皇帝"十三字，当在"即秦隶书"之下。

第三节　学术之发达

吾国当西周以前，为政教合一之世。此时社会之阶级，颇为森严，学术为贵族所专有。东周以后，世变日亟，贵族之失其地位者渐多，而学术乃渐传播于民间；所谓王官之学，散在四方是也，参看《建设杂志》二卷六号《通信》。而以世变日亟故，贤人君子，皆思出其学以救世；诸侯卿相，又盛招游士、养食客，亦足以奖厉学术。故百家之学，并起争鸣。近今论者，至以此时为我国学术思想全盛时代焉。《饮冰室丛著・论中国学术思想变迁之大势》。

太史谈论当时学术，分为阴阳、儒、墨、名、法、道德六家。《汉书・艺文志》则分为九流；且溯其源，皆出于王官之守，今略举其说如下：近人有谓九流之学不出王官者，似非。参看《学衡杂志》第四期评论。

儒家者流，盖出于司徒之官。

道家者流，盖出于史官。

阴阳家者流，盖出于羲和之官。

　　　　法家者流,盖出于理官。

　　　　名家者流,盖出于礼官。

　　　　墨家者流,盖出于清庙之守。

　　　　纵横家者流,盖出于行人之官。

　　　　杂家者流,盖出于议官。

　　　　农家者流,盖出于农稷之官。

　　此外尚有权谋、形势、阴阳、技巧四家,出于司马。天文、历谱、五行、蓍龟、杂占、形法,出于明堂羲和史卜之职。而医有医经、经方二家。又有神仙家,则近乎诞幻,并不足语于方技矣。此外古书论各家学术派别者尚多,而《荀子·非十二子篇》《庄子·天下篇》《淮南子·要略》最要。

第十章　春秋战国时代社会组织之变迁

　　吾国社会，最初之组织，盖为自给自足之一种社会。孔子曰："大道之行也，天下为公。……故人不独亲其亲，不独子其子。使老有所终，壮有所用，幼有所长，鳏寡孤独废疾者，皆有所养；男有分，女有归。货恶其弃于地也，不必藏于己；力恶其不出于身也，不必为己。"《礼记·礼运》。老子谓"郅治之极，邻国相望，鸡犬之声相闻。民各甘其食，美其服，安其俗，乐其业，至老死不相往来"。所追想者，即此等社会也。

　　形成此等社会，事务之分配，必有极严密之组织。然历时既久，生产方法变更，而社会之组织，亦遂随之而变。盖古者通商贸易之事少，凡物多出于自生产自消费之一途。后世商业渐兴，有等物件，可与他团体相交易，不必自行生产。于是向者所有社会事务之分配，不复合用。人民竞思以其所生产者，易得他人所生产之物。其势进而愈甚，乃皆为交易而生产，非为消费而生产。而生产之机键，遂渐移于商人之手中矣。

　　此等趋势，其由来盖亦甚早，然至春秋战国之际而大著。其最有关系之事，厥为井田之破坏，而土地遂变为私有。井田之破坏，乃积渐所致，并非商鞅一人所为。参看《文献通考》卷一朱子《开阡陌辩》。供广义农业用之土地，亦逐渐为私人所占，则《史记·货殖列传》所载营畜牧、种树、煮盐、开矿之业者是也。而商业之发达,尤为社会经济组织变迁之特征。《货殖列传》谓"用贫求富,农不如工,工不如商"。《汉书·货殖列传》亦谓"稼穑之民少,商旅之民多,谷不足而货有余"。《汉书·食货志》:"食谓农殖嘉谷可食之物,货谓布帛可衣及金刀龟贝,所以分财布利,通有无者也。"食字指直接供消费之物而言,货字则指货币。(当时之布帛亦用为货币,见前。)此处谷字之义,与彼食字之同。货字则为商品二字之义。

　　而社会贫富之差别,即大显著。《汉书》又谓:"昔先王之制,自天子公侯卿大夫士,至于皂隶抱关击柝,其爵禄奉养宫室车服棺椁祭祀死生之制各有差品,小不得僭大,贱不得逾贵。"而述当时之情形云:"富者木土被文锦,犬马厌(余)肉粟,而贫者短(裋)褐不完,晗菽饮水。其为编户齐民,同列,而以财力相君;虽为仆虏,犹无愠色。"

　　古代社会之制破,自由竞争之风开;贵贱之阶级渐平,贫富之悬隔愈甚。遂一变而为后世之社会矣。

第二编　中古史上

第一章　秦之兴亡

第一节　秦 始 皇

秦王政既并天下，定有天下者之号曰皇帝，自称曰朕。又除谥法，自号为始皇帝，而后世则以二世、三世计焉。

分天下为三十六郡，郡置守、尉、监。

收天下之兵，铸以为钟镰、金人。

从丞相李斯言，燔诗、书、百家语，有欲学者，以吏为师。今本作"若有欲学法令，以吏为师"。徐广曰："一无法令二字。"案无之者是也。秦乃禁人私学，非禁人不得学，所烧者民间之书，非官府之书。参看刘大櫆《焚书辨》、崔适《史记探原》卷三。后又以诽谤故，坑诸生四百六十人。

战国时，秦、赵、燕三国，各筑长城于北边。始皇命蒙恬逐匈奴，收河南地。因旧长城，联缀之。自临洮至辽东，延袤万余里。河南，今河套。临洮，今甘肃岷县。秦长城起乐浪郡遂城县，见《晋书·地理志》。案乐浪郡当今朝鲜黄海、平安二道之地。又案秦长城全非今日之长城。其东北部，当在上谷、渔阳、右北平、辽西、辽东五郡塞外，（当自今宣化经热河省入辽宁境，东南迤，度鸭绿江入朝鲜，汉初与朝鲜以浿水为界，秦界又在浿水以东。浿水今大同江也。）与今之长城，相去尤远。又略取南越地，置桂林、南海、象郡。今两广及越南东北部。

始皇又营宫室、事巡游、治驰道于天下。用方士言,使童男女入海求神仙。

前二一二一年(西元前二一〇),东游,还至平原津而病,崩于沙丘。平原津,在今山东德县境。沙丘,在今河北邢台县境。长子扶苏以谏始皇坑儒生故,谪监蒙恬军于上郡。少子胡亥及所幸宦者赵高从。高说李斯,矫始皇命,杀扶苏。秘丧,还至咸阳,秦都,今陕西咸阳县。立胡亥,是为二世皇帝。

二世即位,赵高用事,谗杀李斯。益峻刑法。复起阿房宫。葬始皇于骊山,穷极侈靡。三边戍转,复数十万人。而豪杰群起矣。

第二节　豪 杰 亡 秦

前二一二〇年(西元前二〇九)七月,戍卒陈胜、吴广起兵于蕲。今安徽宿县。北取陈。胜自立为楚王,遣将四出徇地,于是:

魏人张耳、陈馀,立赵后歇为赵王。

周市,立魏公子咎为魏王。

燕人韩广,自立为燕王。

齐王族田儋,自立为齐王。

二世赦骊山徒,使章邯将以击之。明年,陈胜、吴广皆死,邯北击魏。

先是沛人刘邦,起兵于沛,今江苏沛县。自立为沛公。楚将项燕之子梁,与其兄子籍,亦起兵于吴,渡江,以居鄛人范增说,今安徽巢县。立楚怀王孙心于盱眙。(仍以祖号,号为楚怀王。)今安徽盱眙县。

齐楚救魏,章邯击破之。齐王儋死,魏王咎自杀。项梁亦败死定陶。今山东定陶县。邯北击赵，围赵王于钜鹿。今河北平乡县。

楚怀王以宋义为上将、项籍为次将、范增为末将救赵，遣刘邦西入关。宋义留安阳，今山东曹县。不进。籍矫怀王命杀之。渡河，大破秦军。章邯以赵高见疑，遂降楚。

先是韩人张良说项梁立韩公子成为韩王。刘邦因良略韩地，入武关。今陕西商县境。赵高弑二世，立公子婴。婴又刺杀高。前二一一七年（西元前二〇六），邦兵至霸上，今陕西长安县东。子婴降。秦亡。

第三节　楚　汉　之　争

项籍既定河北，引兵西入关，则刘邦已遣将守关矣。籍怒，攻破之。时籍兵四十万，在鸿门。今陕西临潼县。邦兵十万，在霸上。籍将击邦，邦因籍臣项伯以谢，乃免。初怀王之遣诸将入关也，约先入关中者王之。及是籍尊怀王为义帝，徙之郴。（旋使人沉之江中。）今湖南郴县。王刘邦于巴、蜀、汉中，而自为西楚霸王。

未几，籍以田荣叛，东击之。汉王乘机以韩信为大将，北定三秦，因下韩、河南、西魏、殷四国。并塞、翟、韩、殷、魏之兵五十六万人东伐楚，入彭城。项羽闻之，以精兵三万人，自胡陵还击，今山东鱼台县。大破汉军。汉王奔荥阳。自是常坚守荥阳、成皋以拒楚。荥阳，今河南荥泽县。成皋，今河南氾水县。使韩信北定赵代，南攻齐；而楚梁地为彭越所扰，兵少食尽。乃与汉约，以鸿沟鸿沟，今名贾鲁河，在河南。中分天下，解而东归。汉王背约追之，围籍垓下。今安徽灵璧县。籍突围走，至乌江，江津名，今安徽和县南。自刭死。时前二一一三年（西元前二〇二）也。

项　籍	西楚霸王	王梁、楚地九郡,都彭城(今江苏铜山县)。	
刘　邦	汉　王	王巴、蜀、汉中,都南郑(今陕西南郑县)。	
章　邯	雍　王	王咸阳以西,都废丘(今陕西兴平县)。	秦降将。
司马欣	塞　王	王咸阳以东,至河,都栎阳(今陕西临潼县)。	秦降将。
董　翳	翟　王	王上郡,都高奴(今陕西肤施县)。	秦降将。
魏王豹	西魏王	王河东,都平阳(今山西临汾县)。	咎弟,咎死奔楚。楚立为魏王。及是徙西魏。后汉复立为魏王,叛汉,为韩信所虏。
韩王成	韩　王	都阳翟(今河南禹县)。	楚旋杀之,立故吴令郑昌为韩王。
申　阳	河南王	都洛阳。	张耳嬖人。
司马卬	殷　王	王殷故墟,都朝歌(今河南淇县)。	赵将。
赵王歇	代　王	都代(今察哈尔蔚县)。	陈馀以不从项羽入关,不得为王。馀请兵田荣,击破张耳。耳奔汉。馀迎立歇王赵,歇封馀为代王;留相赵。后韩信破赵,禽歇斩馀。
张　耳	常山王	王赵都襄国(今河北邢台县)。	
英　布	九江王	都六(今安徽六安县)。	楚将。
吴　芮	衡山王	都邾(今湖北黄冈县)。	秦鄱阳令。起兵,从诸侯入关。后为汉长沙王。
共　敖	临江王	都江陵(今湖北江陵县)。	义帝柱国。子尉为汉所虏。

燕王广	辽东王	都无终(今河北蓟县)。	为臧荼所杀。
臧 荼	燕 王	都蓟(今北平)。	燕将,汉时反诛。
齐王市	胶东王	都即墨(今山东即墨县)。	田儋子。儋死,儋弟荣立之。及是徙胶东。荣发兵距杀田都,留市于齐。市畏项籍,窃亡之国。荣怒,追杀之。使彭越击杀田安。并王三齐。后为项籍所杀。荣弟横,立荣子广而相之。为韩信所虏。
田 都	齐 王	都临淄(今山东临淄县)。	齐将。
田 安	济北王	都博阳(今山东泰安)。	齐王建孙。

第二章　西汉之初盛

第一节　汉初之宗室外戚及功臣

刘邦既灭项籍，即帝位，是为汉高祖。都洛阳。旋以齐人娄敬说，徙都关中。

高祖大行封建，然异姓王者七国，不久多灭亡；楚王韩信，梁王彭越，赵王张敖（耳子），韩王信，淮南王英布，燕王臧荼、卢绾。惟长沙王吴芮仅存。而同姓子弟王者九国，齐王肥、淮南王长、燕王建、赵王如意、梁王恢、代王恒、淮阳王友，皆高帝子。楚王交，高帝弟。吴王濞，高帝兄子。皆地跨数郡，遂为异日之乱源。

高帝后吕氏，性沈毅，佐高祖定天下。高帝后爱戚夫人，欲废惠帝，而立其子赵王如意为太子。不果。高帝崩，后遂杀戚夫人及赵王。惠帝后张氏，后女鲁元公主女也。无子，后使杀后宫之有子者，而以其子为子。惠帝崩，立之，是为少帝。太后临朝称制。使吕禄、吕产将南北军，封诸吕为王。后少帝知太后杀其母，有怨言。太后废之，而立所名孝惠子恒山王弘。前二〇九一年（西元前一八〇），太后崩。时齐哀王襄悼惠王肥之子。弟朱虚侯章、东牟侯兴居宿卫，阴使告襄起兵。吕氏使灌婴击之。婴至荥阳，与齐连和。丞相陈平、太尉周勃，因使说吕氏罢兵归国。产、禄等犹豫未决。勃驰入北军,与朱虚侯等攻吕氏杀之。琅琊王泽,吕后所封。齐哀王起兵,诱执之。泽诳哀王得入京师。与诸大臣阴谋,谓少帝等皆非孝惠子,杀之,而迎立文帝。文帝既立,封朱虚侯为城阳王,旋卒。东牟侯为济北王,谋反,伏诛。

汉初封建诸国,以齐为最大。文帝时,文王则卒,哀王襄子。无子。文帝分其国为六(齐、济北、济南、菑川、城阳、胶东、胶西)。而吴王濞尝从高帝定天下。文帝时,其太子朝京师,为皇太子(景帝)所杀,因有反谋。文帝赐之几杖以安之。及景帝立,用晁错谋,削诸侯地。吴遂与楚、赵、胶东西、菑川、济南同举兵反。景帝使周亚夫等讨平之。于是摧抑诸侯,不得自治民、补吏。武帝时,又令诸侯得以其国土分封子弟以弱小之。汉初之封建,遂名存而实亡矣。参看第五章第一节。

第二节　西汉之内治

汉兴,接秦之弊,民失作业而大饥馑。天下既定,民无盖藏,天子不能具醇驷,宰相或乘牛车。孝惠高后时,即以休养生息为治。《史记·高后本纪赞》。文、景二主,皆称恭俭,文帝尤爱惜物力。史称其治效云:《史记·平准书》。

非遇水旱,则民人家给人足,都鄙廪庾尽满,而府库余财。京师之钱,累百巨万,贯朽而不可校;太仓之粟,陈陈相因,充溢露积于外,腐败而不可食。众庶街巷有马,而阡陌之间成群。乘牝牸者,摈而不得会聚。守闾阎者食粱肉,为吏者长子孙,居官者以为姓号。人人自爱而重犯法,先行谊而黜愧辱焉。

武帝为右文之主。始用公孙弘之言,为博士置弟子员;参看第五章第二节。又用董仲舒之言，表章六艺，罢黜百家。参看第五章第六节。
擢用司马相如等文学之士。然帝性颇夸大，屡用兵四夷。又时出巡
幸。用方士言，大营宫室，以候神仙。国用不足，乃用桑弘羊等言利
之臣，佐以张汤等酷吏。参看第五章第三节及第五节。遂至民愁盗起。
末年，乃悔之，罢遣方士，不复事四夷焉。

第三节　西汉之武功

秦始皇时，匈奴北徙。及秦亡，复南渡河。汉初，其单于曰冒
顿，东破东胡，西走月氏，围高帝于平城。汉县，今山西大同县。高帝用
娄敬策，以宗室女为长公主，妻单于，与"和亲"。文、景二世，匈奴时
绝时和亲，中国但发兵防之而已。武帝乃遣卫青取河南，立朔方郡。
在今鄂尔多斯，即河套。又因匈奴浑邪王之降，开酒泉、武威、张掖、敦
煌四郡。酒泉，今甘肃高台县。武威，今甘肃武威县。张掖，今甘肃张掖县。
敦煌，今甘肃敦煌县。

匈奴遁居漠北，武帝又屡遣将"绝漠"击之。至宣帝时，匈奴内
乱。其呼韩邪单于遂降汉（前一九六二，西元前五一）。郅支单于走
康居，今俄领中央亚细亚境。为西域副校尉陈汤所攻杀（前一九四七，
西元前三六）。

西域者，今天山南路之地。案西域二字，义有广狭。其初但指今新疆
言之，故曰：南北有大山（天山及祁连），中央有河（塔里木）；东则接汉，厄以玉
门、阳关（皆在敦煌西），西则限以葱岭也。其后交通之范围日广，自此以外诸
国，亦皆以西域称之；遂至西尽亚洲，并包欧洲之一部分矣。小国凡三十六。
后渐分至五十余。其种有塞，有氐、羌。大抵塞种多居国，氐、羌多行
国。汉文帝时，匈奴征服之。

武帝欲与月氏夹击匈奴，遣张骞往使，不得要领。遂河西四郡

开,骞建言招乌孙使居之。月氏初居祁连山北。迫为匈奴所破,乃走今伊犁河流域。乌孙又乞师于匈奴,逐之。月氏走妫水滨,臣服大夏。妫水,今阿母河。大夏,即西史之 Bactria 也。乌孙不肯来,而旁近诸国,颇与骞副使俱至。武帝由是锐意欲通西域,一岁中使者十余辈。楼兰、车师楼兰之地,今已沦为沙漠。车师,今新疆吐鲁番县。当道,苦之,遂叛,为汉所击破。后汉又破大宛。亦在今俄领中央亚细亚境。在康居之南,大月氏之东北。于是西域皆震恐愿臣。前一九七一年(西元前六〇),汉遂置西域都护,治乌垒城,在今新疆库车县东南。并护南北两道。元帝时,后置戊己校尉,屯田车师焉。

武帝又用兵东北,灭卫氏朝鲜,以其地为四郡。乐浪郡,今黄海、平安二道地。临屯郡,今汉江以北之地。玄菟郡,今咸镜南道。真番郡,地跨鸭绿江。(据朝鲜金于霖《韩国小史》)

秦之亡也,龙川秦县,今广东龙川县。令赵佗,击并桂林、南海、象郡,自立。是为南越。句践后无诸及摇,率兵从诸侯入关。高帝封无诸为闽越王,都冶,今福建闽侯县。惠帝复王摇于东瓯。今浙江永嘉县。亦皆为武帝所灭。今云、贵二省及四川西部,当时谓之西南夷。

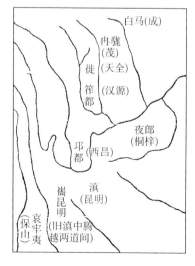

《史记》:西南夷君长以什数,夜郎最大。其西,靡莫之属以什数,滇最大。自滇以北,君长以什数,邛都最大。此皆"椎结",耕田,有邑聚。其外,西自同师以东,北至叶榆(今洱海),名为嶲、昆明。皆"编发",随畜移徙,无常处,无君长,地方可数千里。自嶲以东北,君长以什数,徙、筰都最大。自筰以东北,君长以什数,冉駹最大。其俗或"土著",或"移徙"。……自冉駹以东北,君长以什数,白马最大,皆氐类也。

案此中种族，当分两派：椎结、耕田、有邑聚者，为古濮族，即后世之猓猡，在金沙江及黔江流域。其余概为氐羌族。其沿岷山、峨眉之脉，分布于岷江、嘉陵江之上源，及岷江、大渡河之间者，为徙、筰都、冉駹、白马；沿横断山脉，分布于澜沧、金沙二江之间者，为雟、昆明。盖今青海、西康及川滇之一部，本为氐、羌分布之区，而此两部分，则其通于汉，而汉人目为西南夷者也。知雟、昆明亦系氐、羌者，以西南高地诸族，惟氐、羌有"编发"（即辫发）之俗故也。武帝以夜郎为牂柯郡，滇为益州郡，邛都为越嶲郡，筰都为沈黎郡，冉駹为汶山郡，白马为武都郡。其澜沧江以西之哀牢夷，则为越族（以其有文身之俗故）。至后汉明帝时，乃开其地为永昌郡。此汉对今川、滇、贵州开拓之大略也。**武帝亦通其地，建置郡县焉。**

第三章　前后汉之兴亡

第一节　武帝以后之政局及王莽篡汉

武帝以信神仙故，诸方士神巫，多聚京师，遂有"巫蛊之祸"。太子据发兵反，兵败自杀。晚年，婕妤赵氏生子弗陵。帝恐其年少，母后专权，杀婕妤，乃立弗陵为太子。帝崩，弗陵立，是为昭帝。霍光、金日磾、上官桀同受遗诏辅政。帝兄燕王旦与帝姊盖长公主、上官桀、桑弘羊等谋反，伏诛。昭帝崩，光立武帝孙昌邑王贺。百日，废之。迎立戾太子孙病己（更名询），是为宣帝。光卒后，霍氏亦以谋反伏诛。

宣帝少居民间，知民疾苦，留心吏治及刑狱。宣帝崩，子元帝立。性柔仁好儒。然颇暗，任萧望之为相，卒为中人弘恭、石显所谮杀。元帝崩，成帝立。委政外家王氏，凤、音、商、根，相继为相。遂肇篡窃之势。哀帝夺王氏权，代以外家丁氏、祖母族傅氏。又以嬖人董贤为相。哀帝崩，无子。成帝母召用王莽，迎立平帝，大权遂尽归其手。平帝为莽所弑，迎立宣帝孙婴，号为孺子。莽居摄践阼，称"假皇帝"。前一九〇四年（西元八），遂废之而自立。改国号曰新。

第二节　王莽之变法

汉时贫富,颇不平等。董仲舒谓:"富者田连阡陌,贫者无立锥之地。"取民佃租,至于十分之五。又"专山泽之利,筦山林之饶"。晁错亦谓当时商贾,"男不耕耘,女不蚕织;衣必文采,食必粱肉"。"因其富厚,交通王侯,力过吏势"。因以"兼并农人"。

汉时法律,待商人恒特酷,然初不能抑止其兼并。董仲舒尝说武帝限民名田,武帝不能用。哀帝时,师丹辅政,复建此议。已定有办法,而为贵戚阻挠,仍不能实行。

及王莽,乃更名天下田曰"王田",奴婢曰"私属",皆不得卖买。男口不盈八,而田过一井者,分余田与九族乡党。又立五均、司市、泉府之官。令民之以采矿、渔猎、畜牧、纺织、补缝为业,及工、匠、巫、医、卜、祝、商、贾等,皆各"自占"所为,除其"本",计其"利",以十一分之一为"贡"。司市以四时仲月,定物"平价"。物之周于民用而不售者,均官用"本价"取之。物高过"平价"一钱,则以"平价"卖与民。民之欲祭祀丧纪而无费者,泉府以工商之贡借与之,不取息。其贷以治产业者,则计其赢利,取息一分。又立六筦,以收盐、酒、铁、山泽、赊贷、铜冶之利。禁用汉五铢钱,更为宝货五物、六名、二十八品行之。于是吏缘为奸,陷刑者众。农商失业,食货俱废。莽以为制定则天下自平,故但锐思于制作,不暇省狱讼,县宰缺者,数年不补。又以制度未定,吏皆不得禄,借赇赂以自给,而大乱作矣。

第三节　光武之中兴

王莽末年,所在盗起。前一八九〇年(西元二二),绿林山盗,以

疫分为二：一入南郡，为下江兵；一入南阳，号新市兵。随县之平林
兵应之。

景帝五世孙缤、秀，起兵春陵，与之合。_{绿林山，在今湖北当阳县。}
_{南郡，今湖北江陵县。南阳，今河南南阳县。随，今湖北随县。春陵，今湖北枣}
_{阳县。}时汉宗室刘玄，亦在军中，号更始将军。新市、平林诸将立之，
拔宛，_{南阳郡治。}入都之。莽发大军击之。秀等大败之于昆阳。_{今河}
_{南叶县。}于是所在郡县，皆杀其牧守以应汉。汉兵入洛阳、长安，杜
吴杀莽。更始自宛移都洛阳，又自洛阳移都长安焉。

时海内大乱，而汉室新兴，天下颇属望焉。然更始实为诸将所
制，不能建立纲纪，又入诸将谮，杀刘缤，而使刘秀出定河北。秀遂
以河内为根据地，即帝位于鄗。_{河内，今河南沁阳县。鄗，光武即位后，改}
_{名高邑，今河北高邑县。}赤眉入长安，杀更始。光武使冯异击破之，而
自勒大兵，降之宜阳。于时海内割据者：汉中则延岑，黎丘则秦丰，
_{今湖北宜城县。}夷陵则田戎，_{今湖北东湖县。}睢阳则刘永，_{今河南商丘县。}
亦次第平定。惟隗嚣据陇西，公孙述据成都，最后下。而窦融以河
西诸郡自归。

第四章 后汉之治乱

第一节 光武明章之内治及武功

光武既定天下,退功臣,进文吏。明、章二代,亦为守成右文之主,称东汉之治世。

王莽时,匈奴复叛,侵掠北边颇甚。光武时,匈奴自相携贰,分为南北。南单于降汉,入居西河美稷。汉县,故城在今鄂尔多斯左翼中旗。和帝初,窦宪遣兵大破北匈奴于金微山,盖今阿尔泰山。北匈奴遂西徙。其后遂入欧洲,其留居亚洲者,为南北朝时之悦般。

莽时,西域亦叛,复臣匈奴。光武时,莎车王贤,今新疆莎车县。攻伐诸国,诸国皆遣子入侍,愿复置都护。光武不许。明帝时,大将军窦固,始遣班超往使西域。超与三十六人俱至鄯善,即楼兰改名。袭杀匈奴使者,降之。固上其功,使遂立功西域。超仍与三十六人俱往。时于阗王广德,今新疆于阗县。攻杀莎车王贤,称雄南道;而龟兹今新疆库车县。恃匈奴之势,攻杀疏勒王,今新疆疏勒县。而立其臣兜题。超先降于阗,次定疏勒之乱。于是诸国皆遣子入侍,西域与汉绝六十五年复通焉。时前一八三九年(西元七三)也。是岁,汉复置西域都护及戊校尉。未几,都护为焉耆、今新疆焉耆县。龟兹所攻杀,戊校尉亦被围,会明帝崩,汉复罢事西域,并召超还,而疏勒人固留之。前一八三二年(西元八〇)，超上疏，请遂定西域，平陵_{汉县，今}陕西咸阳县西北。人徐幹，亦奋身愿佐超。章帝使将千余人往，以超为都护。超遂因诸国兵，尽定西域。超至前一八一〇年(西元一〇二)，乃还。任尚代为都护，以峻急，失诸国欢心。安帝初，西域复叛，超子勇戡定之。

第二节　降羌之乱

羌人本居湟中。_{湟水流域。湟水，今大通河。}前汉武帝时，为寇，遣将讨破之，置护羌校尉统领焉。其后羌弃湟水，西依鲜水盐池。_{鲜水，今青海。盐池，当即今青海西南之盐池也。}王莽执政，以其地置西海郡。莽末，羌人乘乱内侵。光武、明、章、和四代，累发兵讨破之。和帝时，遂复置西海郡，并夹河开列屯田，以绝其患。然降羌之散处内地者甚众，_{在安定(今甘肃镇原县)、北地(今宁夏灵武县)、上郡者，谓之东羌。陇西(今甘肃临洮县)、汉阳(今甘肃甘谷县)、金城(今宁夏皋兰县)者，谓之西羌。}为郡县及豪右所侵役，积以愁怨。前一八〇五年(西元一〇七)，遂遮断陇道，东寇三辅，南略益州。汉惟发兵屯卫京邑。沿边长官，争内徙郡县，以避其难。羌势遂益炽。用兵十余年，兵费至二百四十亿。仅乃平之。顺帝初，复叛，军费又至八十余亿。及桓帝，乃任段颎讨平之。然汉之元气，亦已大伤矣。

第三节　后汉外戚宦官之祸

后汉外戚之祸，起自章帝时。章帝有二贵人，大贵人生子庆，立为太子；小贵人生子肇，皇后窦氏，养为己子。后诬杀二贵人，废庆为清河王，而立肇为太子。章帝崩，肇立，是为和帝。方十岁，太后临朝。兄宪,为大将军,专权横恣。帝与宦者郑众谋诛之。和帝崩,子殇帝立。生才百余日。明年崩,太后邓氏迎立清河王子祜,是为安帝。太后临朝,凡十五年。安帝用后兄阎显,诸中常侍及乳母王圣等,亦皆有宠。阎后无子,后宫李氏生子保,立为太子。后与宦官比,潜杀李氏,废保为济阴王。安帝如宛,道崩于叶。今河南叶县。阎后秘丧驰还,迎立章帝曾孙北乡侯懿。未逾年薨。宦者孙程十九人迎立济阴王,是为顺帝,诛阎显,迁太后于离宫。顺帝用后父梁商为大将军,商卒,子冀继之,骄侈尤甚。顺帝崩,子冲帝立,一年而崩。太后与冀定策禁中,迎立章帝曾孙清河王缵,是为质帝。一年,为冀所弑。迎立章帝曾孙蠡吾侯志,是为桓帝。与宦者单超等诛梁冀。籍其家财,至三十余万万。超等五人,皆封列侯。自是外戚专权之局终,大权尽入宦官之手矣。

　　时朝政既非,而党议复起。太学诸生三万余人,与一时名士,更相褒重。中外承风,竞以臧否相尚。诸名士之居官者,于宦官兄弟姻戚,裁治尤严。宦官乃目为“党人”,并加逮治。后以后父窦武言,乃放归田里,犹禁锢终身。桓帝崩,无子,章帝玄孙解渎亭侯弘立,是为灵帝,年十二。太后窦氏临朝,后父武为大将军,陈蕃为太傅。谋诛宦官曹节、王甫等,反为所杀。复治钩党之狱,株连尤众。灵帝既长,尤崇信宦官,又好畜私财,卖官厚敛,无所不为。而流寇之祸起矣。

第四节　黄巾之乱及董卓入京师

　　钜鹿张角,以妖术教授,号“太平道”。十余年间,徒党至数十万,遍于青、徐、幽、冀、荆、扬、兖、豫八州。谋以前一七二八年(西元一八四)起事。未发,为其弟子所告,角遂约其徒党,一时俱起。(其众皆着黄巾为识,故时人谓之"黄巾贼"。)虽旋为官军所破,然自是所在盗起,乃改刺史为州牧,以重其权,而外重之势成矣。

灵帝后何氏,生子辩。美人王氏,生子协。帝欲立协而未果。疾笃,以属宦者蹇硕。帝崩,何后兄进,拥兵而立辩,杀硕。遂谋尽诛宦官。而何太后不可,进乃谋召外兵,以胁太后。宦官知事急,共杀进。进官属袁绍等举兵尽攻杀宦官。而凉州将董卓适至,拥兵入京师,废辩而立协,是为献帝。

第五章　两汉之政治制度及社会情形

第一节　官　　制

汉代官制,多沿自秦,最为近古。初以丞相、高帝尝改称相国。又秦及汉初,皆尝置左右丞相。太尉,为中央最高之官。御史大夫,则掌贰丞相。其后改为三公,以分部九卿,盖取今文经说也。

司马(太尉改) ⎰ 太常(掌宗庙礼仪)
　　　　　　　⎱ 光禄勋(掌宫殿掖门户)
　　　　　　　　 卫尉(掌宫门卫屯兵)

司徒(丞相改) ⎰ 太仆(掌舆马)
　　　　　　　⎱ 廷尉(掌刑辟)
　　　　　　　　 大鸿胪(掌归义蛮夷)又有典属国,掌蛮夷降者,后并入大鸿胪。

司空(御史大夫改) ⎰ 宗正(掌亲属)
　　　　　　　　　⎱ 大司农(掌谷货)
　　　　　　　　　　 少府(掌山海池泽之税以给共养)大司农所掌,
　　　　　　　　　　　 为国家经费;少府所掌,则皇室经费。

此外又有执金吾,掌徼循京师。将作大匠,掌治宫室。

内史,掌治京师。后分为左右。武帝改右内史为京兆尹,左为左冯翊,又改主爵都尉为右扶风,治内史右地,是为三辅。后汉改河南郡为尹;以三辅陵庙所在,不改其号。

凡治兵者,通称校尉。司隶校尉,督大奸猾,兼有警察作用。

秦于各郡皆置守。又有尉,佐守典武职甲卒。景帝改守曰太守,尉曰都尉。蛮夷降者,分远县置属国。列侯所食县曰国;皇太后公主所食曰邑;蛮夷曰道。每属国置都尉一人。县:万户以上为令,以下为长。其郡有盐官、铁官、工官、都水官者,随事广狭,置令、长及丞。

监御史,秦官,掌监郡。汉省。丞相遣史分察州。武帝置部刺史十三人。后汉十二人,一州属司隶校尉。后汉末,乃改为州牧。

一里百家,里有魁。民有什伍,以相检察。十里一亭,亭有长。十亭一乡,乡有三老,掌教化;啬夫,职听讼,收赋税;游徼,主徼循,禁贼盗。

诸侯王国:有太傅,辅王;内史,治国民;中尉,掌武职;丞相,统众官。其余诸官,皆同汉朝。国家惟为置丞相,余皆自置。七国乱后,乃令诸侯王不得复治国,天子为置吏。改丞相曰相,余官多所减省。后更省内史,令相治民,如郡太守;中尉如郡都尉。

第二节　学校选举

汉兴学校,始于武帝。自秦以来,本有博士官。武帝乃用公孙弘议,为置弟子五十人。昭帝增满百人,宣帝又倍之。由太常选补。其在郡国县道邑者,令相长丞上二千石,二千石察可者,令与计偕,诣太常,受业如弟子。

元帝复于郡国置五经百石卒史。后汉仍立五经博士,修起太学。明帝又为功臣子孙、四姓末属,别立校舍。自期门、羽林之士,悉令通《孝经》章句。匈奴亦遣子入学。安帝后,学校渐衰。顺帝又增修黉宇。于是游学增盛,至三万余人。然"章句"渐衰,专以浮华相尚,学风盖日坏矣。

汉世选举,其途颇多。"博士"及"博士弟子"而外,有"任子",有
"吏道",有"辟举"。其天子特诏标其科目,令公卿郡国荐举者,为后世
"制科"之先河。而州郡以口率察举"秀"、"孝",则后世科目之先河也。
参看《续汉书·百官志》《后汉书·丁鸿传》。汉初选举,皆无考试之法。其策问,
乃以其人为贤而咨询之,非以其人为不肖思冒滥,而试验之也(参看《文献通考》
第十三)。至后汉时,选举之冒滥渐多,乃有"诸生课家法,文吏试笺奏"之举(参
看《后汉书》章帝建初元年、和帝永元五年诏及《樊儵种暠左雄传》)。其后一变而
令士人"投牒自举",遂为隋唐时之科目矣。又有所谓"赀选"者:汉初限赀
十算以上乃得官,《汉书·景帝纪》后二年。此尚出于求吏廉之意。晁错
说文帝,令民入粟拜爵,亦仅止于"卖爵"。武帝时,民得入羊为郎,吏
得入谷补官,则与后世"捐纳"无异;《汉书·食货志》。至灵帝开西邸卖
官,则更不堪问矣。《后汉书·灵帝纪》光和元年、中平四年。

第三节 赋 税

汉代取民之制有三:一曰"田租":十五而税一。文帝十三年,
除民之田租。至孝景二年,乃令民半出租,三十而税一。后汉初,尝
行十一之税。建武六年,仍令民三十税一。桓帝延熹六年、灵帝中平二
年,两次税天下田亩十钱。自此以前,迄未加税。一曰算赋:民年十五至
五十六,人出钱百二十,是为一算,以治库兵车马。《汉书·高帝纪》四
年注如淳引《汉仪注》。又贾人与奴婢倍算,见《惠帝纪》六年注应劭引《汉律》。
七岁至十四岁,人出钱二十,以食天子。武帝又加三钱,以补车骑马
焉。《昭帝纪》元凤四年注如淳引《汉仪注》。又武帝时尝令民生子三岁即出口
钱,见《贡禹传》。又按汉代币价高,故口赋之负担,人民甚以为重。可参看《史地
学报》第二期《汉人生计之研究》。一曰力役:律年二十三,傅之畴官。《高
帝纪》二年注如淳引《汉律》。景帝令民年二十始傅,《景帝纪》二年。其山

川、园池、市肆租税之入，自天子以至封君汤沐邑，皆各自为"私奉养"。

武帝因用度不足，乃禁私铸铁器及煮盐、榷酒酤；《武帝纪》天汉三年。算缗钱。令郡国以本地物产商贾贩往他处者为赋，由大农贩卖以与民争利。其后酒酤至昭帝时始罢。元帝尝罢盐铁之禁，旋复之。后汉章帝，亦尝税盐铁；和帝即位，罢之。《后汉书·郑众传》。

第四节　兵　　制

汉初兵民不分：郡国各有"轻车"、"骑士"、"材官"、"楼船"，常以秋后讲肆课试。《后汉书·光武纪》建武七年注引《汉官仪》。民年二十三，则服兵役。一岁为卫士，一岁为材官、骑士；年六十五乃免。《汉书·高帝纪》注引《汉仪注》。京师屯兵曰南北军。"南军"以守宫门，"北军"以守京城门。亦由郡国调来。《文献通考》卷百五十。其戍边之责，亦由全国之民公任之。人人皆当戍边三日，是为"卒更"。然不可人人自行，又不可往三日便还，于是有出钱三百入官，由官给既往之人，使遂留一岁者，是为"过更"。其贫者欲得雇钱，次当往者出钱给之，每月二千，则名"践更"。《汉书·昭帝纪》注引如淳说。自武帝置八校尉，乃有"募兵"及"长从"。然实际用兵，亦多用"谪发"，盖沿秦制也；《汉书·武帝纪》天汉四年，元鼎五年，元封六年；《昭帝纪》元凤元年、五年；《宣帝纪》神爵元年；《晁错传》。后汉光武罢诸郡都尉，并职太守，无"都试"之役。惟边郡往往置都尉焉。《续汉书·百官志》。

第五节　刑　　法

秦时刑法，最为刻深。有"凿颠"、"抽胁"、"镬烹"、"夷三族"、"具五刑"等酷刑。汉高后元年，始除"三族罪"、"妖言令"。文帝二年,又除"收孥相坐"之法。其后太仓令淳于意犯罪,其女缇萦,随至长安上书。文帝怜悲其意,乃为除肉刑(以髡钳代城旦舂,笞三百代劓,五百代斩左趾。其斩右趾者弃市)。孝武用张汤、赵禹等,刑法复酷。宣帝即位,乃置廷尉平,以省狱讼焉。

汉时刑法之残酷,实由律令之繁多,及狱吏之苛刻。自李悝为魏文侯定《律》六篇,商君受之以相秦。汉兴,萧何增为九篇;其后叔孙通、张汤、赵禹递有增益,合共六十篇。而汉时决事,集为"令甲"者,三百余篇。后人又各为章句。至孝武后,断罪所当由用者,凡二六二七二条,七七三二二〇〇言。奸吏因缘为市,所欲活则傅"生议",所欲陷则与"死比"。当时法吏,又"上下相驱,以刻为明"。刑狱遂至大紊。宣帝时,涿郡太守郑昌,上疏请删定律令,帝未能用。及元、成二帝,乃下诏行之。然有司徒毛举细故以塞责。至魏时,陈群等定新律十八篇;晋文帝为晋王,又令贾充等更定,为二十篇,前一六四四年(西元二六八),晋武帝乃下诏颁行之。

第六节　学　　术

秦时,尚刑名法术之学。汉初,惩秦以暴戾而亡,以休养生息为治,黄老之学颇盛。自武帝表章六艺,而儒家之学乃大行。

儒家之学,初由经师传授。其书,即以当时通行之隶书书之。其后乃有自称得古代之遗书者,见《汉书·艺文志》《景十三王传》《刘歆传》。其书皆系古文,于是称前者为"今文学",后者为"古文学"。

今文之学,据《史记·儒林传》所列,初有八家,其后乃分为十四博士。古文之学,至东汉而渐盛。当时传今古文之学者,各守师承,彼此不相假借。至郑玄出,乃兼采二者,而以意为去取焉。其后又有王肃,伪造古文《尚书》等,以欺世,是为"伪古文"一派。可参看丁

晏《尚书余论》。要之汉代去古近，欲考古代事实者，必有取于汉儒之
说。今文之学，多传孔门"微言""大义"。古文之学，详于"名物""训
诂"。即伪古文一派，亦仍有古书为据。去其伪而求其真，其说亦仍
可采取。考古者所宜究心也。

　　儒家而外，他种学术，研究者渐少，书之传于今日者亦甚稀。惟
《淮南子》一书，出于汉初。兼综各家之学，多存战国以前旧说，为杂
家中极有价值之书。

　　史学则有司马迁之作《史记》，班固之著《汉书》，为后世"正史"
之祖。荀悦因《汉书》而作《汉纪》，实为继《春秋》而作之"编年史"。
其发达，远非秦以前所及也。吾国古代，史有二体：一为"记事"，《春秋》是
也；一为"记言"，《尚书》是也。然二者传诸孔门，实皆只可称为经。《左氏》为伪
作否有疑问。故真正之史书，实始《史记》。

第七节　风　　俗

　　汉代风气，最称淳朴。参看《廿二史札记》卷二《汉儒言灾异》条。然
亦因地而有不同。关中土沃宜农，民勤稼穑。自汉初徙齐、楚大
族于是，后又数徙富人豪杰于诸陵，
风俗遂渐趋侈靡，而好游侠犯禁。

　　自陇以西，民皆尚武。河东深
思，而失之险陋。周人好为商贾。
宋人勤稼穑，能贮蓄。鲁人好学而
尚利。齐人长于女工。赵人好游戏
而轻为奸。燕人愚悍，而能急人之
急。自上谷至辽东，数被胡寇，俗与
赵、代类。此北方之风俗也。

　　巴、蜀亦称沃土,而民柔弱。楚受天惠特厚,故其民呰窳偷生而无积聚。吴越俗皆类楚,特加之强悍耳。此中部之风俗也。

　　至于南方,则开化甚浅。而任延、锡光能以华风,渐被岭南,称为当时循吏焉。

第三编　中古史中

第一章　后汉之分裂及三国

第一节　后汉之分裂

董卓既行废立,袁绍奔冀州,合山东州郡,起兵讨之。卓迁献帝于长安。司徒王允,与吕布合谋诛之。卓将李傕、郭汜陷长安,杀允。布奔山东。献帝还洛,召曹操于兖州。操至,迁帝于许。自是政归曹氏,天子守府而已。

于是海内州郡,纷纷割据。

　　袁绍据幽、并、青、冀四州。

　　刘备据徐州。

　　刘表据荆州。

　　刘焉据益州。

　　张鲁据汉中。

　　袁术据寿春。

　　马腾、韩遂割据凉州。

　　公孙度据辽东。

吕布取徐州,刘备奔曹操。操与共攻布,杀之。袁术将北走,操又使备邀击,败之,术还走,死。备旋与外戚董承谋诛操。操击破

之。备奔袁绍。前一七一二年(西元二〇〇),操破绍于官渡。_{城名,}
_{今河南中牟县北。}绍惭愤死。子谭、尚自相攻,操破灭之。前一七〇
四年(西元二〇八),操南攻荆州,刘表适卒,幼子琮,以州降。时刘
备亦在荆州,将奔江陵,操追败之于当阳。_{今湖北当阳县。}备奔表长
子琦于江夏。_{今湖北黄冈县。}初,长沙太守孙坚,起兵讨卓。后攻刘
表,为表军射杀。子策,依袁术,术与以坚故部曲,南定扬州。策卒,
弟权袭。及是,刘备使诸葛亮求救于权。权使周瑜将兵,与备并力
破操于赤壁。_{山名,在今湖北嘉鱼县。}备遂下令湖南地方。前一六九
八年(西元二一四),并刘璋,取益州。时曹操已下汉中,备复取之。
备之入益州也,与孙权分荆州。及是,备使关羽取襄阳,权使吕蒙袭
取江陵。羽还走,为权兵所邀斩。荆州遂入于吴。

　　前一六九二年(西元二二〇),曹操卒,子丕废汉献帝自立,是为
魏文帝。刘备闻之,亦称帝于蜀,是为蜀汉先主。后九年,孙权亦称
帝于建业,_{今南京。}是为吴大帝。

第二节　三国之兴亡

　　蜀汉先主,耻关羽丧败,自将攻吴。吴将陆逊,败之于猇亭。_今
_{湖北宜都县西。}先主惭愤殂。子禅立,诸葛亮辅政。先平雍闿之乱。
_{益州郡帅,以牂牁、越巂、永昌、益州四郡叛。}屡出兵伐魏。前一六七八
年(西元二三四),亮卒,蒋琬、费祎继之,守亮成规,国颇乂安。祎
卒,姜维代总军政。屡伐魏,无功。蜀国小民疲,颇怨。

　　魏文帝传子明帝,奢侈,好营宫室。时诸葛亮屡北伐,魏使司马
懿镇关中以拒之。懿又平辽东,斩公孙度子渊。还而明帝崩。养子
芳立。懿与曹爽,同受遗诏辅政。爽专朝政,懿称疾不朝。前一六
六三年(西元二四九),懿勒兵废爽,自此大权尽归于懿。懿卒,子师

继之。废芳而立髦。师卒，弟昭继之。扬州帅王凌、毌丘俭、诸葛诞先后起兵讨司马氏，皆不克。髦自率宿卫讨昭，为昭所弑。前一六四九年（西元二六三），昭遣钟会、邓艾两道伐蜀，灭之。越二年，昭卒，子炎遂篡魏自立，是为晋武帝。

　　晋武帝使羊祜镇襄阳，王濬镇益州以图吴。吴使陆抗守荆州以拒之，晋不获逞。抗卒，祜亦死，代以杜预。前一六三二年（西元二八〇），两道伐吴，入建业，吴亡。

第二章　两晋及五胡十六国

第一节　晋初异族之形势

两汉时,为中国所征服之异族甚多,多入居塞内,或近塞之地。同化之力,既非旦夕所能施。而其种落或越时复盛,乘中国扰攘之际,遂至群起为乱。所谓"五胡"也。

(一)匈奴(二)羯　匈奴自南单于降汉后,入居塞内。晋初,其部落遍于并州。其居上党郡武乡之羯室者,在今山西辽县。亦称为羯。

(三)鲜卑　东胡亡后,其余众分保乌桓、鲜卑二山,在今内蒙古东部。因名焉。汉武帝招乌桓,使居上谷、渔阳、右北平、辽西、辽东五郡塞外,以捍匈奴。汉末,与袁氏相结。魏武帝破之于柳城。汉县,今热河凌源县。自是式微,不复见于史。惟《唐书》所载,有一极小部落。鲜卑自北匈奴亡后,据其地而有其人,当檀石槐、轲比能时,声势极盛。后遂分裂。然其部落之散处北边者甚众。

(四)氐　氐族本处武都。魏武徙其众于关中。于是扶风、始平、京兆之境,莫不有氐。扶风,今陕西泾阳县。始平,今陕西兴平县。京兆,今陕西长安县。

(五)羌　羌为段颎所诛夷,亦阅时复盛。晋初,遍于冯翊、北地、新平、安定诸郡。冯翊,今陕西大荔县。北地,今陕西耀县。新平,今陕西邠县。安定,今甘肃镇原县。

当时郭钦、江统等,咸欲徙其众于塞外,武帝不能用。而又有"八王之乱",授之以隙。于是"乱华"之祸作矣。

第二节　八王之乱及西晋之亡

晋武帝惩魏孤立,大封同姓。武帝崩,子惠帝立。不慧。太后父杨骏辅政,后贾氏,召楚王玮,武帝第五子。使杀骏,而使汝南王亮宣帝第四子。与太保卫瓘同听政,旋又与玮谋,杀亮。又弑杨太后,废杀太子遹。赵王伦,宣帝第九子。时总宿卫,勒兵弑后;遂废惠帝自立。齐王冏、成都王颖、河间王颙齐王冏,景帝子攸之子,时镇许昌。成都王颖,武帝第十六子,时镇邺。河间王颙,宣帝弟安平王孚之孙,时镇关中。举兵讨伦。右卫将军王舆诛伦,迎帝复位。冏入洛专政。颙使长沙王乂武帝第六子。攻杀之。颙、颖复攻杀乂。东海王越宣帝弟高密王泰之子。合幽、并兵攻杀颙、颖,旋弑惠帝,立其弟怀帝。

时匈奴刘渊,已自立于平阳。南匈奴呼韩邪单于,(前汉时降汉之呼韩邪单于之孙。)二十一传而至呼厨泉单于。以先世故汉甥,遂改姓刘氏。渊为呼厨泉之兄之孙。平阳,今山西临汾县。山东群盗多附之,羯人石勒尤盛。越自出兵讨勒,卒于项,今河南项城县。军为勒所败。前一六〇一年(西元三一一),渊族子曜陷洛阳,怀帝被虏。越二年,弑之。愍帝立于长安。前一五九六年(西元三一六),又为曜所虏。明年弑之。而西晋亡。

第三节　东晋之建国及王敦苏峻之乱

东晋元帝,本治下邳,以王导言,徙治建康。下邳,今江苏邳县。建康,即建业,以避愍帝讳改。使导从兄敦,都督上流诸州。帝旋忌之,引刘隗、刁协、戴渊、周顗等为腹心。使渊督司、豫,镇合肥(今安徽合肥县);隗督青、徐,镇淮阴(今江苏淮阴县)。前一五九〇年(西元三二二),敦自武昌今湖北鄂城县。举兵东下,入建康。元帝忧愤崩,敦移镇姑孰,今安徽当涂县。图篡。会卒,明帝与丹阳尹温峤谋,讨平之。吴置郡,治建业。

明帝崩,子成帝立。年幼,太后庾氏临朝。后兄亮执政。时陶侃镇荆、湘,祖约屯寿春,及历阳内史苏峻,历阳,今安徽和县。皆与亮不平。峻与约同举兵反,峻入建康。亮奔温峤于寻阳。寻阳,今江西九江县。峤以大义责陶侃,与共讨峻,平之。

陶侃卒后,庾亮及弟翼,相继镇荆州。庾冰为相。成帝崩,冰舍其二子而立其弟康帝。康帝时,庾翼移镇襄阳,庾冰代之镇夏口。今湖北武昌县。康帝崩,翼及冰又欲舍其子而立简文帝,宰相何充不可。康帝子聃立,是为穆帝。庾冰卒,庾翼移镇夏口,使子方之镇襄阳。翼旋卒,表乞以子爱之继任,何充不听,而用桓温,并罢方之。自此庾氏之权衰,而桓氏盛矣。

第四节　前后赵之兴亡

刘渊自立后,传子聪,荒淫无度,势遂衰。东方诸盗,尽为石勒所并。勒以襄国、今河北邢台县。邺为根据地,北陷幽、并。元帝即位之岁,刘聪子粲,为其下所弑。于是刘曜自立于长安,石勒自立于襄国,是为前后赵。渊本称汉,至曜乃改称赵。苏峻陷建康之岁,曜与勒战,为勒所禽。子熙,遂为勒所灭。

时北方惟鲜卑慕容氏,据有辽东西;前凉张氏保据凉州,南方则巴氏李氏,割据梁、益。其余雍、秦、司、豫、幽、并、青、冀、徐、兖诸州,悉为勒所并。勒卒,从孙虎,弑其子而自立。自襄国迁都于邺。虎淫暴无人理,及卒,诸子皆为养子闵所杀。闵本汉人,遂复姓冉氏,大诛胡羯。自邺至屯戍四方者,无少长皆杀之。胡羯之势遂不能复盛矣。

前燕乘后赵之乱,略取幽州。南徇冀州,闵与战,被执。燕徙都邺。

时氐酋符洪据枋头,城名,在今河南温县。羌酋姚弋仲据滠头,镇名,在今河北枣强县。皆有自立之志。洪旋为赵故将麻秋所酖,子健斩秋,西入关。弋仲亦卒,子襄,南降晋。时燕人势力,仅及河北,秦亦新造,未遑远略。晋人因之,遂起经略北方之师。

第五节　桓温之盛及淝水之战

晋穆帝立之三年,桓温灭蜀。又二年而石虎死,河南诸州多来降。时朝廷忌温,引用名士殷浩,使督下流诸州以抗之。前一五五九年(西元三五三),浩以姚襄为前锋,北伐。襄反,邀浩,浩兵大败。温因众怨,奏废浩。自此温势愈盛。明年,温伐秦至霸上,符健坚壁清野以拒之。温粮尽引还。又明年,讨平姚襄,前一五四三年(西元三六九),温伐燕,与慕容垂战于枋头,不利。遂欲行废立之事以立威。前一五四一年(西元三七一),入朝,废废帝而立简文帝。明年崩,子孝武帝立。温讽朝臣图篡,谢安、王坦之故缓其事。会温卒,朝廷乃安。

慕容儁以徙邺之岁卒,子暐立。慕容评辅政,忌慕容垂,垂奔秦,前燕遂衰。而前秦符坚,任王猛为相,国政修明。前一五四一年(西元三七一),遂灭前燕。又灭前凉,平拓跋氏。前一五二九年(西元三八三),发大军八十万入寇。晋谢玄、谢石等大败之于淝水,坚走还,北方复分裂矣。

第六节　桓玄之乱及刘裕之崛起

晋孝武帝,委政于弟琅邪王道子,旋复忌之,使王恭镇京口,今江苏镇江县。殷仲堪镇江陵以抗之。仲堪无戎略,凡事皆委南郡相杨佺期。治江陵。而桓温庶子玄居荆州,亦有势力。恭倚北府将刘牢之,又与牢之不协。道子亦嗜酒昏愚,事皆决于其世子元显。孝武帝崩,子安帝立。王恭、殷仲堪连兵反。元显使说刘牢之,袭杀恭。而仲堪等兵逼京师。朝廷不得已,各与一州。后皆并于桓玄。前一五一〇年(西元四〇二),荆州大饥,元显乘机攻玄,以刘牢之为前锋。牢之叛降玄,元显兵溃。玄入京师,杀道子、元显。明年,遂废安帝自立。

桓玄之入京师也,夺刘牢之兵权,牢之自缢死。前一五〇八年(西元四〇四),刘裕及何无忌、刘毅、孟昶、诸葛长民等起兵讨玄,平之。安帝复位。自是荆、扬对抗之局终,大权总于刘裕矣。

第七节　刘裕篡晋及拓跋魏并北方

苻坚之败,北方诸族,纷纷自立,而后燕、后秦最大。鲜卑拓跋氏,本处北荒。《魏书》谓其初居"幽都之北,广漠之野"。后南迁"大泽,方千余里,厥土昏冥沮洳"。又南迁,乃至匈奴故地。案今西伯利亚,自北纬六十五度以北,地理学称为"冻土带";自此南至五十五度,为"森林带";"森林带"之南为"旷野带",最卑湿;"旷野带"之南为"山岳带",则西伯利亚与蒙古之界山也。"大泽方千余里",必旷野带之地,或以为拜喀勒湖。拜喀勒湖乃古北海,丁令所居。后南迁,居匈奴故地。晋初,居上谷之北,濡源之西。濡水,今滦河。并州刺史刘琨，借其兵以讨匈奴铁弗氏，始与以陉北之地。陉岭，今雁门山。后为苻坚所灭。道武帝珪，收合诸部，灭铁弗氏，仍居平城，攻后燕，大败之。后燕遂分为南北。而铁弗氏立国于雍州北垂，是为夏。屡攻后秦。后秦与战，常不胜。国势亦衰。

刘裕既平桓玄，养兵息民者数年。前一五〇三年（西元四〇九），遂灭南燕。妖人孙恩余党卢循、徐道覆，乘间作乱。裕遄归，讨平之。是役也，何无忌战死。刘毅、诸葛长民，及晋宗室司马休之等，皆次第为裕所翦除。前一四九八年（西元四一四），遣兵灭后蜀。桓玄之乱，安西府参军谯纵据蜀，是为后蜀，不在十六国之数。前一四九五年（西元四一七），大举兵灭后秦。时凉州诸国，皆惴惴待裕兵之至。而裕以心腹刘穆之卒，遽南还。长安遂为夏所陷。前一四九三年（西元四一九），裕受晋禅，是为宋武帝。

先是苻坚之败，其将吕光，据凉州自立，是为后凉。后，更分为北凉、西凉、南凉诸国。鲜卑乞伏氏，亦据陇右自立，是为西秦。后后凉降于后秦，南凉亡于西秦，西凉亡于北凉。魏道武破后燕后，以服寒食散，疾作不能治事，故仅谨守河北，不能出兵。宋代晋之明年，太武帝立，复强盛。次第灭西秦、北凉、夏、北燕诸国，北方遂统于一。

第三章　南　北　朝

第一节　宋 之 兴 亡

宋武帝代晋后，二年而殂。子少帝立，为徐羡之、傅亮、谢晦所废。迎立文帝于荆州。文帝与檀道济谋，讨羡之、亮、晦等，诛之。后遂并杀道济。于是功臣宿将尽矣。

宋武之殂，魏人乘丧来伐，取青、兖、司、豫四州。前一四八二年(西元四三〇)，文帝遣到彦之等伐魏，取滑台、洛阳、虎牢；滑台，今河南滑县。虎牢，关名，在今河南汜水县。已复失之。前一四六二年(西元四五〇)，又大举北伐。甫进即败。魏太武自将南下，至于瓜步。

镇名，在今江苏六合县。所过郡邑，赤地无余。于是邑里萧条，元嘉之政衰矣。

初武帝遗命，以荆州为上流重地，命诸子以次居之。徐羡之等之迎文帝，即以谢晦刺荆州。晦诛，文帝弟义康、义恭、义季、义宣先后居焉。文帝初委政义康，权倾中外。后乃废杀之。前一四五九年(西元四五三），文帝为太子劭所弑。江州刺史沈庆之奉孝武帝讨诛之。孝武立，义宣及文帝子竟陵王诞叛，皆败死。孝武遂大杀武帝及文帝子孙。卒，子前废帝立，为明帝所弑。明帝杀文帝及孝武子孙殆尽。及疾笃，以太子幼弱，召镇淮阴之萧道成入卫，大权遂为所窃。中书令袁粲、荆州都督沈攸之讨道成，皆不克而死。前一四三三年（西元四七九），道成遂受宋禅。

第二节　齐 之 兴 亡

齐高帝篡宋后，二年而殂。子武帝立。帝与高帝同起艰难，稍能留心政治。

武帝卒，孙郁林王立。为高帝兄子鸾所弑。立其弟海陵王，又弑之。遂自立，是为明帝。

明帝尽杀高武子孙，而任兄子遥光，后弟刘暄，内弟江祏、江祀，族人萧坦之等。明帝殂，子东昏侯立。无道，祏、祀等欲废之。遥光欲自立，刘暄不可。遥光怒，使人刺暄，不中。暄发其谋，帝杀祏、祀。遥光叛，坦之讨平之。帝又杀坦之及暄。徐州刺史裴叔业，以寿春叛降魏。帝使崔慧景讨之。慧景还兵攻帝。帝召萧懿于历阳，讨平之。旋又杀懿。懿弟衍，时刺雍州。帝使荆州刺史宝融杀之。荆州长史萧颖胄，奉宝融起兵，与衍合。立宝融，是为和帝。以衍为前锋，东下。东昏侯为其下所弑。和帝禅位于衍，改国号曰梁。

第三节　北魏之强盛及其分裂

魏当太武时，南侵宋，又北伐柔然、高车，参看第三编第一节。国势最盛。

孝文迁都洛阳,大革旧俗,始浸浸焉进于文明。然魏都平城,实以武力立国。当其时,于北边立六镇,<small>六镇:曰武川,今绥远武川县;曰抚冥,在武川之东;曰怀朔,在今绥远五原县;曰怀荒,在今大同东北,察哈尔境内;曰柔玄,在今绥远兴和县;曰御夷,在今察哈尔沽源县。</small>盛简亲贤,配以高门子弟,将士选拔,优异群伦。南迁以后,不复如旧。由是愤怨,或多逃亡。乃制镇人,不得浮游在外。郁极思变,遂为后来创乱之阶。

孝文帝殂,子宣武帝立。委政于高后兄肇。前一四三八年(西元四七四),宣武帝殂,子孝明帝立。贵嫔胡氏所生也。遂杀肇,弑高后,自立为太后,专政。时六镇之民,并起为乱。有尔朱荣者,<small>尔朱氏封于秀容川,在今山西朔县北。</small>讨平之。前一三八五年(西元五二七),孝明密召荣,诛太后左右郑俨、徐纥等,已而止之。俨、纥等惧,弑帝。荣遂举兵入洛。杀太后,及朝士二千余人。洛阳人皆走匿。乃立孝庄帝,留其党元天穆居洛,自还晋阳。<small>今山西太原县。</small>魏自南迁以后,宗室贵人,习于奢侈。胡后秉政,尤用度无节。府库累世之积,扫地无余,大为横敛。中原之民,亦并起为乱。尔朱荣先后讨平之。复欲移都谋篡。前一三八二年(西元五三〇),孝庄帝诳荣入朝,手刃杀之。荣从子兆,举兵弑帝。自是尔朱氏专制内外。<small>兆据并州。天光据长安。仲远据大梁。</small>前一三八〇年(西元五三二),高欢起兵信都。<small>高欢,本渤海蓚人,蓚亦作修,即汉周亚夫所封条侯故国(在今河北景县南),先世坐法徙怀朔,遂与鲜卑同化。信都,今河北冀县。</small>与尔朱氏战,大败之。入洛阳,立孝武。旋攻杀兆于并州。自是大权归于高氏矣。

高欢既灭尔朱氏,仍居晋阳。孝武阴有图欢之志,以贺拔岳为关中大行台。岳兄胜都督荆州,<small>贺拔氏,亦鲜卑部落。与魏同出阴山。其后镇武川。</small>尔朱天光之平陇,岳与侯莫陈(代北三字姓)悦为副。阴选骁勇为宿卫。

高欢使侯莫陈悦杀贺拔岳，宇文泰讨诛之。宇文氏，亦鲜卑部落。为慕容氏所破。其遗众遁居潢水之南（今热河之西喇木伦河），是为后来之契丹。其归魏居武川者，为宇文氏。孝武遂以泰继岳之任。前一三七八年（西元五三四），孝武帝举兵讨欢，欢亦自晋阳南下，夹河而军。孝武不敢战，奔关中。欢亦别立一君于洛阳。魏由是分为东西。

高欢、宇文泰，剧战十余年，皆不逞志。而其祸乃中于梁。

第四节　侯景乱梁

宋自文帝时，北伐无功。明帝时，又失徐、兖、青、冀及豫州、淮北之地。齐明帝时，魏取沔北五郡。南阳，今河南南阳县。新野，今河南新野县。南乡，今南阳西南。北襄城，今河南方城县东。西汝南，北义阳，同治舞阴，在今河南泌阳县北。裴叔业之叛，魏又乘之取淮南。梁武帝立，复合肥、寿春，而失义阳三关平靖、黄岘、武阳，皆在今河南信阳县南。及梁州。后乘魏乱，乃复之。

前一三六五年（西元五四七），高欢卒，子澄嗣执魏政。欢将侯景，以河南来降。梁武受之，使子贞阳侯渊明伐魏。梁武晚年，好佛法，刑政废弛，兵力亦不足用。渊明为魏所虏。景奔梁，袭据寿阳。即寿春。后遂反，陷台城。建康宫城。武帝忧愤殂，子简文帝立。

初梁武太子统早卒，舍其孙而立简文帝为太子。内不自安，乃使统诸子出刺大郡，而又以己诸子分刺诸郡，以偶之。台城之围，诸子皆拥兵相争，不救也。侯景既陷建康，又遣兵西上，为湘东王将王僧辩所败。猛将多死，恐不能久存，遂篡梁自立。湘东王即位江陵，是为元帝。

时始兴太守陈霸先，今广东曲江县。北上勤王。元帝使与王僧辩讨景，平之。而武陵王纪武帝子。亦称帝于成都，攻江陵。元帝求救于魏。魏兵降梁州，遂陷成都，纪死。元帝又与魏有违言。前一三五八年（西元五五四），魏陷江陵，害元帝，取襄阳，迁岳阳王詧_{武帝}_孙于江陵，使称帝，（对魏则称臣，奉正朔。）是为西梁。王僧辩、陈霸先立元帝少子方智于建康，是为敬帝。齐人以兵纳渊明。僧辩拒战，不胜，遂迎之入，废方智而立之。陈霸先袭杀僧辩，复立方智。前一三五五年（西元五五七），废之而自立，是为陈武帝。

第五节　隋　之　统　一

高澄弟洋，始篡东魏自立，是为北齐文宣帝。文宣及武成二帝皆荒淫。武成传子纬，奢纵弥甚。而北周武帝，颇能励精图治。前一三三五年（西元五七七），齐遂为周所灭。

灭之明年，武帝殂。子宣帝立，荒淫。在位二年，传位于子静帝。未几，宣帝殂，内史郑译等矫遗诏，引后父杨坚辅政。下杀诸王。相州总管尉迟迥、郧州总管司马消难、益州总管王谦起兵讨坚，皆不克。前一三三一年（西元五八一），坚遂废静帝自立，是为隋文帝。

梁元帝之立也，西魏取梁、益二州；北齐亦略地至江，后又西取江、郢。陈宣帝乘北齐之亡，复淮南；后周复取之。宣帝殂，子叔宝立，荒淫。前一三二四年（西元五八八），隋伐陈，明年，灭之。西梁已先二年为隋所灭，天下复统一。

第四编　中古史下

第一章　回族之兴起及隋之兴亡

第一节　回族之兴及隋与突厥之交涉

回族，汉称丁令，亦作丁零、丁灵。异译作敕勒，又作铁勒。案今中国人统称此族为回，欧洲人则通称为突厥。见《元史译文证补》卷二十七中。其众处匈奴之北；西自康居之北，东迄北海。见《史记索隐》及《三国志》注引《魏略》。南北朝时，称敕勒，亦作铁勒。渐侵入漠北。柔然之败于魏，北走而服其众。魏太武又击破之，徙其众于漠南，是称高车。《北史》。高车，铁勒别传，其实高车乃铁勒之一部也。南北朝末，突厥兴于金山。今阿尔泰山。灭柔然，破哌哒，参看第五编第二章第一节。尽臣葱岭以西。周、齐相争，恐其为敌援，争结婚姻，厚赂遗以奉之。突厥益骄。

隋初，沙钵略可汗，用周千金公主之言，寇边。文帝用长孙晟策，构其主西方之达头可汗，与沙钵略构兵。沙钵略乃请臣于隋。千金公主为文帝女，改姓杨氏，封大义公主。后沙钵略子都蓝可汗，复以大义公主言犯边。文帝使其弟突利可汗构杀大义公主，而以宗女妻突利。都蓝怒，击突利，破之。突利奔隋。隋处之夏、胜二州之间，夏州，在今陕西横山县境。胜州，在今鄂尔多斯左翼后旗。赐号曰启民可汗。都蓝死，启民以隋援，尽有其众。

第二节 隋 之 治 乱

隋文帝性猜忌。既任智以获大位,遂以明察自矜;挟术数以御下,任严法以治民。然性甚节俭,勤于政治。在位时,府库充实,为历朝所未有。参看《文献通考·国用考》。

文帝用后独孤氏言,废太子勇,而立次子晋王广。文帝崩,广立,是为炀帝。性奢侈。即位之初,即以洛阳为东都。开通济渠。自西苑引谷、洛二水,达于河。又自河入汴,自汴入淮,以接淮南之邗沟,开江南河,自京口达余杭,今浙江余杭县。凡八百里。帝乘龙舟,往来洛阳、江都间。今江苏江都县。又开永济渠,引沁水,南达河,北通涿郡。今河北涿县。治驰道,由太行抵并州,自榆林以达于蓟。今河北蓟县。北巡幸突厥始毕可汗帐。又使裴矩招致西域诸国入朝。诱西突厥,献地数千里。置西海、河源、鄯善、且末四郡。西海郡,当在青海附近。河源,当在青海西南。鄯善、且末,皆汉西域国名。此二郡当在今敦煌之西。谪罪人以戍之,转输巨万。

自汉灭朝鲜,置四郡后,北方之涉貊,渐次南迁。由鸭绿江流域,入朝鲜半岛北部,乘汉威之衰,自建国,曰高句丽、百济。其半岛南部三韩中之辰韩,亦建国曰新罗。慕容氏之入中国,辽东为高句丽所并。文帝时,寇辽西。使汉王谅击之,不克。句丽益骄。炀帝征其王元入朝,不至。前一三〇一年(西元六一一),自将大兵征之。明年,围辽东,不克。将军宇文述,又以九军大败于萨水。今大宁江。前一二九九、一二九八年(西元六一三、六一四),炀帝又自将征之。句丽仅貌为请降,而中国全国骚动。前一二九七年(西元六一五),北巡,始毕可汗围之于雁门。雁门,今山西代县。援至乃解。明年,再乘龙舟如江都。自是不复北还,而天下之乱,亦已不可复止矣。

第三节　隋末之乱及唐之兴

炀帝之再征高句丽也，杨玄感督运黎阳，<small>今河南浚县。</small>举兵反。
帝还军，遣将讨平之。然自是乱者四起：窦建德雄据河北，李密起
兵河南，徐圆朗据鲁郡，<small>今山东滋阳县。</small>高开道据渔阳，<small>今察哈尔怀来</small>
<small>县。</small>刘武周据马邑，<small>今山西朔县。</small>梁师都据朔方，<small>今陕西怀远县。</small>李轨
据河西，薛举据陇右，萧铣据江陵，朱粲据荆沔，杜伏威据历阳，李子
通据海陵，<small>今江苏泰县。</small>子通后南徙余杭。陈棱据江都，沈法兴据毗陵。
<small>今江苏武进县。</small>炀帝见中原已乱，无心北归，欲徙都丹阳，<small>郡名，治今首</small>
<small>都南京。</small>为从驾骁果所弑。

唐高祖李渊，本隋太原留守。以前一二九五年（西元六一七），
起兵。西取长安。奉留守代王侑为帝。明年，遂受隋禅。平河西、
陇右，败刘武周，定并州，时隋将王世充，奉东都留守越王侗为帝。
李密攻之，为所败，密降唐。旋出关谋叛，为唐所邀杀。于是河南之
地，皆入于王世充；河北之地，皆入于窦建德。前一二九一年（西元
六二一），秦王世民攻世充，建德来救，并擒之。建德将刘黑闼起兵；
徐圆朗已降，复应之。皆为唐所平。南方诸雄，以萧铣为最大，遣李
靖击灭之。朱粲降而复叛，败死。陈棱、沈法兴，皆为李子通所破。
子通为杜伏威所擒。伏威降唐。其割据北边者：高开道为其下所
杀。刘武周死后，其将苑君璋据马邑，后来降。前一二八四年（西元
六二八），梁师都被杀，天下复定矣。

第二章　唐之初盛

第一节　贞 观 之 治

　　唐高祖之定天下，多得秦王世民之力。太子建成、齐王元吉忌之，密相图。遂有玄武门之变。高祖传位于世民，是为太宗。

　　太宗为汉以后令主，任房玄龄、杜如晦为相，魏徵为谏官。在位时，百姓丰乐，而国威亦甚盛。

　　隋末，中国避乱者，多归突厥，突厥复强。群雄起北边者，皆臣事之。高祖初起，亦卑辞以乞援焉。天下既定，待突厥礼恒有加。而突厥益骄，仍岁寇边，其至一岁三四入。迨颉利可汗立，政衰。太宗又构其主东方之突利可汗，与相携贰。前一二八三年（西元六二九），遂禽之。铁勒、薛延陀，徙居其地。前一二六六年（西元六四六），亦为太宗所灭。

　　太宗又西破高昌、即汉车师之地，今新疆吐鲁番县。焉耆、龟兹，西南破吐谷浑。吐蕃入寇，击破之。参看第五编第二章第一节。于是交通及印度。适其臣阿罗那顺篡立，使者王玄策，以吐蕃、泥婆罗今廓尔喀之地。兵击破之。惟讨高句丽，未能得志。迨高宗立，复平西突厥。遣苏定方自成山泛海，灭百济，败日本援兵。又遣李勣灭高句丽。于是东自日本，南至南洋群岛，西至波斯，咸通朝贡焉。

第二节　唐以前之海上交通

中国海上交通事业,始于秦汉之辟南越。《汉书·地理志》即载自日南航海所通诸国。虽其地不可悉考,而其中之黄支国,或云即西印度之建志补罗。Kanchipura,名见《大唐西域记》。参看《改造杂志》第三卷第十二号《佛教之初输入》。后汉时,大秦亦由此通中国。大秦,即罗马。班超既定西域,遣部将甘英往通之。临条支海,(今波斯湾,详见《元史译文证补》卷二十七中。)不渡而还。及桓帝延熹九年(前一七四六,西元一六六),大秦王安敦,遣使自日南徼外献象牙、犀角、玳瑁,是为中国与欧洲交通,史有正式记载之始。安敦,即罗马之 Antony 也。当时日南、交阯之地,为东西洋交通中枢。西方贾人,多集其地。中国商船,亦常航行锡兰附近。日南,今交阯支那附近。交阯,今东京。据日本桑原骘藏《东洋史要·中古期》第四篇第四章。南北朝以后,南洋诸国之通中国者益多,迄于唐不衰。详见自《宋书》至《唐书》之四裔传。航海里程亦见《唐书·地理志》。而隋尝一用兵于流求,则今之台湾也。

当时倭东北七千余里,有文身国。文身国东五千余里,有大汉国。大汉国东二万余里,有扶桑国,其他或皆在今美洲。扶桑沙门慧深,萧齐时曾来中国,述其国之风俗甚悉。其风俗政教,极类中国,章太炎以为汉族。愚案其国名国王为"乙祁",贵人为"对卢",皆与高句丽同。又高句丽之俗,婚嫁时女嫁作小屋于大屋后,谓之婿屋;而扶桑婚姻,则婿往女家门外作屋,亦极相类。则扶桑盖貉族之浮海而东者也。又僧人法显,如印度求佛法,自锡兰东。还行三日,而遇大风。十三日,到一岛。又九十余日,而至耶婆提。自耶婆提东北行一月余,遇黑风暴雨;凡七十余日。折西北行,十二日乃抵长广郡。耶婆提,或云即南美耶科陁尔。自此东北行百余日,实绕大西洋而归。不特发见西半球,又环绕世界一周矣。据《太炎文集·法显发见西半球说》。法显东还,在东晋义熙十二年,即前一四九六年(西元四一六)也。长广郡,今山东即墨县。

第三节　武韦之乱及开元之治

唐太宗崩,高宗立。初年,颇能励精图治。故永徽之政,史称其媲美贞观。后宠武皇后,政事一以委之,而政遂衰。

高宗崩,中宗立。武后废之,而立其弟豫王旦。后又废之。自称则天皇帝。任周兴、来俊臣、索元礼等酷吏,以刑诛劫制天下;又滥以禄位收拾人心;朝政大紊。前一二〇七年(西元七〇五),宰相张柬之等举兵迎中宗复位。然后韦氏专权,武氏之势力仍盛。张柬之等皆贬死。前一二〇二年(西元七一〇),后弑中宗。豫王子临淄王隆基讨平之。奉豫王即位。是为睿宗,旋传位于隆基,是为玄宗。

玄宗任姚崇、宋璟为相,政治始复清明,自高宗末年,吐蕃灭吐谷浑、党项,又破西域四镇。龟兹、于阗、焉耆、疏勒。武后时,四镇虽复,而中宗又赐吐蕃以河西九曲之地。今青海,黄河右岸之地。于是河、洮之间,被寇无虚日。武后时,突厥骨咄禄可汗复强。卒,弟默啜可汗继之。大举寇河北,蹂躏郡县至数十。契丹亦叛,南侵至冀州。中国皆不能讨也。玄宗乘突厥之乱,遣王忠嗣灭之。又复河西九曲之地。国威复张。然边兵重而内地守备空虚,遂为安史之乱之张本。

第三章　自魏晋至唐之政治制度及社会情形

第一节　官　　制

　　秦、汉官制，至东京而渐变。其最要者，汉时相职，权任甚重，绝非天子私人。参看《文献通考》卷四十九。东汉之季，则权移于尚书。魏文帝时，又移于中书；宋文帝时，又移于门下。其丞相，则为人臣篡弑时所历之阶而已。参看《文献通考》卷四十九。至唐，遂以中书、门下、尚书三省为相职。中书"取旨"，门下"封驳"，尚书承而行之。然其后三省长官，仍合议于政事堂，非真截然分立也。参看《文献通考》卷五十。唐中叶后，率以他官居相职，而畀以同中书门下平章事，同中书门下三品……名目，见《唐书·百官志序》。历代尚书，皆分曹治事，至唐定为六部。于是九卿等官，皆等于"骈枝"。而御史之权，亦降而弥重。盖君主专制政体，恃是以监察臣下也。

　　外官之权，则改而趋重。秦、汉时之郡县，本为两级制。西汉刺史，仅主督察，而非实官，且秩卑于太守。自东汉末年，改刺史为州牧，而两级乃变为三级。南北朝时，疆域蹙狭，而好侨置州郡，虚立名目。建置愈多，辖境愈小。驯至一州之地，与一郡无别。至隋，乃并州郡为一级。唐遂于其上更置监司之官焉。

第二节　学校选举

吾国当西汉时，学术之中心，在于学校。东汉时，国立之太学虽盛，教育之权，已渐移于私家。参看皮锡瑞《经学史讲义·经学极盛时代》。魏、晋以后，则学校有名无实，教育之权，遂全移于私家之手。前一六三六年（西元二七六），晋武帝始置国子学。是为太学而外，复有国子学之始。其后历朝，或国子、太学并立，或惟立国子学。隋时，国子学始不隶太常，而别为一监。唐有国子、太学、四门、律、书、算六学，皆隶国子监。又有弘文馆，隶门下省；崇文馆，隶东宫。其学生名额，按资格分配，非尽录取平民也。郡县学亦皆有定额。

选举之权，东汉以后，自公府移于尚书。魏陈群为尚书，始于州郡置中正。令评量其人物，分为九等。而尚书据以选用。其弊也，"惟能论其阀阅，非复辨其贤愚"。遂至"上品无寒门，下品无贵族"。

至隋、唐而科举制度兴。其法，始于隋而备于唐。令士子投牒自列于州县。州县试其可者，以乡饮酒礼，贡之京师。而试之于礼部。其科目甚多，而尝行者为"进士"、"明经"二科。进士惟重诗赋，明经但试"帖经"、"墨义"。"墨义"之式，见《通考》卷三十。遂至群务于"词章"、"记诵"，而不切于实用。其天子自诏者曰"制举"，以待非常之才焉。"制科"之目，见《通考》卷三十三。

其选官，则"文选"属于吏部，"武选"属于兵部。盖至是而"举官"与"举士"之途始分矣。

第三节　兵　　制

吾国秦、汉之世，本兵民不分。光武定天下，罢郡国"都试"，而民始不能为兵。晋武平吴，亦罢州郡兵备。而于诸王国，顾皆假以兵权。大国三军，五千人。次国二军，三千人。小国一军，千五百人。遂致酿成八王之乱。五胡交哄，盗贼大起，仍借州郡募兵镇压，而方镇之权始重。渡江以后，荆、扬二州，积世相猜。其初下流之势常弱，迨北府兵起，而形势乃一变。刘裕卒阶以图篡。然自宋迄于梁、陈，州郡之拥重兵，内外之相猜忌，实始终一辙也。

北方则五胡迭起，所用者皆其种人。魏太武遗臧质书曰："吾今所遣斗兵，尽非我国人。城东北是丁零与胡，南是氐、羌。……"可见当时异族，除本族人外，兼用其他异族为兵。高欢语鲜卑则曰："汉民是汝奴；夫为汝耕，妇为汝织，输汝粟帛，令汝温饱，汝何为陵之？"语华人则曰："鲜卑是汝作客；得汝一斛粟，一匹绢，为汝击贼，令汝安宁，汝何为疾之？"可见当时异族使汉人任耕，以其本族人任战。其兼用汉人者：如石虎之伐燕、司、冀、青、徐、幽、并、雍之民，五丁取三，四丁取二；苻坚之伐晋，民每十丁遣一，皆因用兵太多，为例外之事。迨周、齐之末，诸种人皆已凋敝，乃不得不参用汉人。又大乱之后，物力凋残，军资无出，不得不令兵人屯种自食。而"府兵"之制以兴。迄唐而益臻完备。

唐制，于全国设折冲府六百三十四，而其在关内者二百六十一。府置折冲都尉，而以左右果毅都尉为之副。上府千二百人，中府千人，下府八百。其军队编制之法：以三百人为"团"，团有校尉。五十人为"队"，队有正。十人为"火"，火有长。诸府分隶于十二卫。平时力耕以自食；有事调集，临时令将统之。事讫，则将上所佩印，兵归其府。颇得寓兵于农之意。迨高宗、武后时，天下久不用兵，府兵之法寝坏，至不能给宿卫。宰相张说，乃请以募兵代之，号曰彍骑。于是边兵重而内地之守备虚矣。

第四节　法　　律

吾国刑律，魏、晋时经一大改革，已见前。魏、晋以后，法典几于历代相沿,而刑制则隋、唐时又一进化。

　　盖自汉文以髡、笞代肉刑;髡法过轻,而略无惩创;笞法过重,而至于死亡;乃去笞而独用髡。减死罪一等,即止于髡、钳;进髡、钳一等,即入于死罪。魏、晋以来,不知减笞数而使之不死,徒欲复肉刑以全其生;肉刑卒不可复,遂独以髡、钳为生刑。轻重失宜,莫此为甚。据《文献通考·刑考序》。及隋时,定以"笞"、"杖"、"徒"、"流"、"死"为五刑,而轻重始得其平焉。

唐　　五　　刑					
笞	十	二十	三十	四十	五十
杖	六十	七十	八十	九十	一〇〇
徒	一年	一年半	二年	二年半	三年
流	二〇〇〇里	二五〇〇里	三〇〇〇里		
死	绞	斩			

　　又吾国法律,前此独有刑法。至唐则《律》之外又有《六典》,俨然为一完备之"行政法典"焉。参看日本织田万《清国行政法》第一编第一章第二节。

第五节　租　　税

　　汉时儒者,多醉心于井田之制。退一步,亦欲行限民名田之法。其说卒未能行。而自晋至唐乃有与之相近之制度,则晋之"户调"、魏之"均田",及唐之"租、庸、调"是也。晋武平吴,始制户调之式。

　　男女年十六至六十为"正丁";十五至十三,六十一至六十五为"次丁";六十六以上,十二以下,为"老"、"小"(不事)。

　　男子一人,占地七十亩;女子三十亩。其外:丁男课田五十亩,丁女三十亩;次丁男半之,女则不课。

丁男之户,岁输绢三匹,绵三斤;女及次丁男为户者半输。

魏孝文均田令,更益以"露田"、"桑田"之别。"桑田"为"世业","露田"则有"还受"。至唐而其法愈备。

凡民:始生为"黄",四岁为"小",十六为"中",二十一为"丁",六十为"老"。

授田之制:丁男十八以上者人一顷;老及"笃废疾"者人四十亩;寡妻妾三十亩("当户"者加二十亩)。皆以二十亩为"永业",余为"口分"。

田多可以足其人者为"宽乡",少者为"狭乡"。狭乡授田,减宽乡之半。

工商,宽乡减半,狭乡不给。庶人"徙乡"及贫无以葬者,得卖世业田。自狭乡徙宽乡者,得并卖口分田。已卖者不复授,死者收之,以给无田者。其取于民则:

【租】　岁输粟二石。

【庸】　用人之力,岁二十日;闰加二日。不役者为绢三尺。

【调】　随乡所出,输绢、绫、绝(布)、绵(麻)。

此等制度,可谓近乎平等。惜乎不能持久,至开元天宝间,而并兼遂甚也。

此外杂税:北朝有酒坊、盐井、关市、邸店等。南朝亦有卖买田宅、牛马,及津、市等税。隋尽免之,唐初所取亦薄。盖吾国自唐中叶以前,国家财源,率恃田租口税(租庸调)为正宗也。

第六节　学术及宗教

吾国当两汉时,学术中心,在于儒学。至魏晋之际,而其风气乃一变。盖东汉儒家,偏重名物训诂,失之破碎支离,人心遂流于厌倦。于是一矫其弊,而注重于哲理。遂有儒道并重之势。参看《饮冰室丛著·论中国学术思想变迁之大势》第五章。斯时之人,其学术思想,颇为高尚,然皆专务于"清谈",遗弃"世事",亦其弊也。参看《廿二史札记》卷八《六朝清谈之习》。

　　适会是时,佛教输入,而其说遂以大行。案佛教之入,向以为始于前一八四七年(西元六五),汉明帝因梦见金人,乃遣使如西域求佛法。然光武之子楚王英,业已信佛,则输入似当在明帝以前。参看《改造杂志》三卷十二号《佛教之初输入》。《学衡杂志》第二期《梁氏佛教史评》。东汉、曹魏之际,已颇有信者,然率皆"小乘";至前一五一一年(西元四〇一),鸠摩罗什入长安,始传"大乘"经论。参看《饮冰室丛书·论中国学术思想变迁之大势》第六章。嗣后印度高僧,来我国者不少,而我国僧徒之如印度求法亦甚众。参看《改造杂志》四卷一号《千五百年前之留学生》。于是佛教灿然大明;至唐而遂臻极盛。其间宗派繁多,而"华严"、"法相"、"三论"、"天台"诸宗,尤以哲理称。"净土宗"则推行最广。至晚唐以后,诸宗乃渐衰,而"禅宗"特盛。遂开宋学之先河焉。参看《饮冰室丛书·论中国学术思想变迁之大势》第六章。

　　汉时之神仙家,其学本与道家无涉。魏、晋以后,亦颇借道家言以自缘饰。参看《饮冰室丛书·论中国学术思想变迁之大势》第五章。而张道陵之术,为北朝所尊信,遂至与儒、释并称为三教焉。参看《魏书·释老志》。

　　又吾国人崇尚文词之风,亦至魏、晋而始盛,而其源则实自魏之三祖开之。自东汉至于齐、梁,文字日趋于绮靡,至唐而其道已穷。乃有韩、柳等,矫其弊而为古文。而诗学亦至唐而称极盛焉。

第七节　风　　俗

　　吾国自周以前,贵族、平民,阶级本极严重。至战国之际,乃渐破坏。乃至魏、晋以后，而其风气又大盛。当时"士庶"之见，深入人心。不但婚姻不通，即一起居动作之微，士庶亦不相偕偶。其原因：一由九品中正之制，为之厉阶。一由五胡乱华，衣冠之族，耻血统之混淆，不得不借此以自标异。其人率"风流"相尚，不以"世务"关怀。故南朝诸帝，皆出"素族"；即诸臣之立功、立事者，亦多出自"寒素"之家。然当时士大夫，大率谨守礼法；而"寒门"之骤起者，则多暴戾荒淫，此南朝所以多无道之主也。至隋、唐时，科举之制兴，而"门阀"之习，乃渐革焉。参看《廿二史札记》卷八《南朝多以寒人掌机要》、卷十一《宋齐多荒主》《宋世闺门无礼》《宋子孙屠戮之惨》，卷十二《江左世族无功臣》。夏曾佑《中国历史》第三篇第三十八节。

至北方诸异族，则尤多横暴，而胡、羯为最盛。夏曾佑《中国历史》第三篇第十一节。汉人之渐染胡风者，其横暴，亦与异族无以异也。如渤海高氏是。

又吾国文化，北方本高于南方，富力亦然。自孙吴迄陈，金陵为帝王都者三百六十年。五胡乱后，北方"衣冠之族"纷纷南渡。南方文化，遂日以增高，浸至驾北人而上之。而富力亦日以发达。自唐以后，江淮遂为全国财富之区焉。

第五编　近古史上

第一章　安史之乱

唐玄宗时,设十节度经略使以治边,安西(治安西都护府,今新疆龟兹县)、北庭(治北庭都护府,今新疆迪化县)、河西(治凉州,今甘肃武威县)、陇右(治鄯州,今青海西宁县)、朔方(治灵州,今宁夏灵武县)、河东(治并州,今山西太原县)、范阳(治幽州,今北平)、平卢(治营州,今热河省朝阳县)、剑南(治益州,今四川成都县)九节度使,岭南(治广州,今广东南海县)经略使。而西、北二边,以制驭吐蕃、突厥、奚、契丹故,兵力尤厚。帝任宰相李林甫,又宠贵妃杨氏。剑南杨钊(赐名国忠),夤缘贵妃,继林甫为相。前——五七年(西元七五五),安禄山反于范阳。不一月,河北尽陷,进陷河南。明年,败官军于灵宝,今河南灵宝县。遂入潼关。帝出奔蜀。至马嵬,驿名,在今陕西兴平县。军变,要上杀贵妃及国忠而后行。帝发马嵬,留太子东讨贼。太子即位于灵武,今宁夏灵武县。是为肃宗。朔方节度使郭子仪以兵至行在。会安禄山为其子庆绪所杀。子仪乘之,进平河东。以回纥、西域兵收两京,遂围安庆绪于邺。官军凡九节度,无统帅,久不下。而贼将史思明,降而复叛,自范阳南救邺,官军大溃。思明入邺,杀庆绪。旋发兵陷东京。又陷河阳、怀州。河阳,今河南孟县。怀州,今河南沁阳县。后思明亦为其子朝义所杀。代宗立,乃讨平之。

第二章　唐中叶后之外患

第一节　藏　族　之　兴

藏族,本居今后藏高原。按今青海、西藏之地。地势上总为一高原,而细别之,又可分为四区:A 后藏高平原,水皆潴蓄为湖泊。B 巴颜哈喇山脉以南及西康全境,地势倾斜于东南。C 黄河上游及青海流域。D 雅鲁藏布江流域。BC 为羌地,A 为今藏族所居之地,D 则印度亚利安人侵入所居之地也。其种人皆有"一妻多夫"之习。一妻多夫,为藏族风俗之特征。其见于历史上者,有哌哒、女国及《唐书·南蛮传》中之名蒐。《北史》谓哌哒为大月氏种类,亦曰高车别种,误也。大月氏之留居南山者为小月氏,其俗皆一夫多妻,正与哌哒相反。《北史》又谓哌哒之语,与高车不同,可征其非同种矣。其首见于历史上者为哌哒。先分布于阿尔泰山。后乃西南下,征服葱岭东西诸国,都大夏旧都缚喝城。即吐火罗,亦称小王舍城,今阿富汗之波尔克城也。《北史》别列吐火罗为一国,又云哌哒都王舍城,皆误。详见丁谦《大唐西域记地理考证》。当前千四百年时(西元五世纪初)为全盛之世。突厥兴,乃为所灭。

其留居后藏高原者,为隋、唐时之女国。《大唐西域记》述其地云:在大雪山中;北距于阗,东接吐蕃。正今后藏地也。其国以女为王。尝通贡于中国,受封册。唐中叶后,乃为吐蕃所并。女国自开元后,史不复见。

后南诏与韦皋书,数吐蕃罪状,有云西山之王,见夺其位。则为吐蕃所灭也。

吐蕃者,印度阿利安族之分支。《唐书》于吐蕃起原有二说：一谓其本羌属,在析支水西(黄河九曲之地)。一谓为鲜卑秃发氏之后,逾积石,抚有群羌。积石山,在今甘肃导河县西北。皆与吐蕃之地渺不相涉。唐时吐蕃赞普居逻娑川,即今拉萨,实雅鲁藏布江流域也。《蒙古源流考》谓名哩勒丹苏隆赞(弃宗弄赞)之先,为印度巴特沙拉国王之子。此为藏人自述之历史,较可信。逾喜马拉雅山,入雅鲁藏布江流域。唐初,其英主弃宗弄赞尚中国文成公主；又娶泥婆罗王女。二主皆好佛,吐蕃之佛教始盛。高宗以后,屡与中国构兵。迨安史乱,吐蕃遂乘之,尽陷河西、陇右之地焉。

第二节　满族之兴起

满族,古称肃慎。当虞舜时,即为中国声教所及。《史记·五帝本纪》。周武王灭商,又以"楛矢石砮"来贡。《国语·鲁语》《史记·孔子世家》。

勿吉使者乙力支溯难河西上；至太沵河,南出陆行。度洛孤水。从契丹西界达和龙。

〔《魏书》述和龙至勿吉之路〕　和龙北二百余里,有善玉山。北行十五日至祁黎山。北行七日,至如洛瑰水。又北行十五日至太鲁水。又东北二十八日,到其国。国有大水,名速末水。

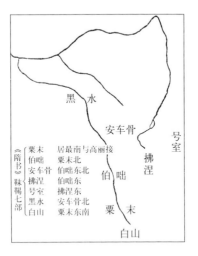

黑水,今松花江。此江上源称粟末,会嫩江东折,后称黑水。

渤海都忽汗城,城临忽汗海,即今吉林镜泊。

　　其第九世宣王仁秀时,尝立五京,十五府,六十二州。上京龙泉府,在今吉林敦化县附近。中京显德府,在吉林东南。东京龙原府,在今海参崴附近。南京南海府,在今朝鲜咸兴。西京鸭绿府,在今辽宁辑安县。

　　两汉时称挹娄。南北朝时,称勿吉。隋、唐时又作靺鞨。靺鞨之众分七部,而黑水、粟末二部最著。

　　唐之灭高句丽也,粟末靺鞨,有入居营州者。武后时,契丹叛。靺鞨酋大祚荣走东牟山,筑忽汗城居之。传子武艺,斥大土宇;几尽有今吉、黑二省,远东共和国,及朝鲜北部之地,是为渤海。当开国时,即已颇知书契。后复遣人至唐留学。一切制度,皆模范中华,为海东盛国。至前九八四年(西元九二八),乃为契丹所灭。

　　高句丽之亡,唐置安东都护府于平壤。及契丹既叛,靺鞨复自立,安东都护府内徙辽东。于是唐对东北方之威灵失坠矣。

第三节　唐中叶后之吐蕃及回纥

　　唐时,铁勒之众,凡分十五部,而薛延陀、回纥二部最强。突厥之再亡也,回纥徙居其地。代宗之为太子,为天下兵马元帅,以其兵平两京。代宗即位,牟羽可汗为史朝义所诱,自将入寇。代宗使仆固怀恩见之,因以其兵讨贼。时仍以雍王适(德宗)为天下兵马大元帅,会其兵。牟羽骄甚,责王不蹈舞,杖杀兵马使药子昂,行军司马韦少华。后仆固怀恩反,卒以其兵及吐蕃入寇,会怀恩道死,郭子仪单骑往见其帅,说和之。吐蕃乃遁去。然回纥婪索无厌。其种人之留居京师者尤骄恣,中国无如何也。至文宗时,乃为黠戛斯所破,部落四散。于是铁勒人雄据漠南北之运告终,而其遗众之走河西及天山南北路者,渐蔚为其地之一大族焉。

　　吐蕃既陷河西、陇右,患遂中于泾、邠之间。泾州,今甘肃泾川县。邠州,今陕西邠县。代宗时,尝攻入长安。德宗初立,与之和。旋复背盟。畿辅一带,受祸尤烈。

　　迨文宗时,其国大乱。中国乃乘之,恢复河西、陇右之地焉。

第四节 南 诏

　　南诏,汉哀牢夷。明帝开其地为永昌郡。唐时,分为六诏。后皆为最南之蒙舍诏(南诏)所并。玄宗封为云南王。旋以剑南节度失政,叛附吐蕃。剑南遂时被兵患。德宗时,韦皋为西川节度,治成都。乃结南诏攻吐蕃,破之。文宗时,南诏复攻西川。懿宗时,其酋坦绰酋龙称皇帝,国号大礼。攻岭南,陷安南都护府。治交州,今越南之河内。唐使高骈镇安南,击破之。僖宗时,又寇蜀。唐又移骈镇西川,击破其兵;又结吐蕃以防之。南诏乃不复为寇。无何,南诏政衰,中国亦乱,遂不复通。

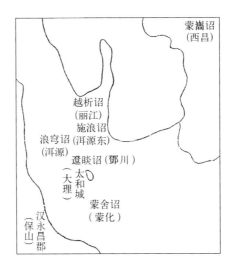

第三章　唐之衰亡

第一节　藩镇之跋扈

安史之败，其将多以地来降。朝廷惮更易，多就以节镇授之。于是：

> 薛嵩据昭义。治相州，今河南安阳县。弟崿，为田承嗣所并。
>
> 李宝臣据成德。治恒州，今河北正定县。子维岳，为王武俊所杀。武俊传子士真，士真传子承宗。
>
> 田承嗣据天雄。治魏州，今河北大名县。传侄悦，为承嗣子绪所杀。绪传弟(子)季安。季安卒，子幼，军中推田季兴为主。
>
> 李怀仙据卢龙。治幽州。为兵马使朱希彩所杀。希彩又见杀于其下，推朱泚为主，泚入朝，以弟滔知留后。滔卒，军中推刘怦为主。怦传子济，为子总所弑。
>
> 李正己据平卢。治青州，今山东临淄县。传子纳，纳传子师道。

各擅赋税，修兵甲，相约以土地传子孙。

德宗时，宝臣卒，子维岳请袭，不许。遂与田悦、李正己连兵拒命。山南东道节度梁崇义亦反。治襄州，今湖北襄阳县。德宗使淮西节度李希烈治蔡州，今河南汝南县。讨平崇义。以张孝忠为成德节度使，与朱滔共攻维岳。兵马使王武俊杀维岳以降。神策军马使李晟、河东节度使马燧，治太原府，今山西太原县。亦讨破田悦。而滔、武俊怨赏薄，叛与悦合。希烈亦叛于淮西。发泾原兵讨之。治泾州。过京师，作乱；奉朱泚为主。上奔奉天。今陕西武功县。泚逼行在。赖河中节度李怀光治蒲州，今山西永济县。入援，乃解。而怀光又叛，德宗再奔梁州。今陕西南郑县。后乃以陆贽言，赦李希烈、田悦、王武俊、朱滔、李纳，专讨朱泚及怀光，平之。淮西将陈仙奇，亦杀李希烈以降。旋复为吴少诚所杀。少诚死，牙将吴少阳杀其子自立。传子元济，屡逆命。宪宗任裴度讨平之。时天雄将田季兴，归心朝廷。遂发兵讨平李师道。卢龙刘总，以弑父自立，心常不安，遂弃官为僧。王承宗亦受代。藩镇之乱暂平。及穆宗立，时相谓天下已平，不复措意于三镇。于是朱克融据卢龙，王庭(廷)凑据成德，史宪诚据天雄以叛。官军讨之，不能克，由是再失河北，迄于唐亡，不能复取。

第二节　宦官之专权

唐代宠信宦官，始于玄宗之于高力士，然尚未敢专权。肃宗宠李辅国，辅国初与张后相表里，后更不睦。肃宗崩，后欲诛辅国，辅国遂勒兵弑后。代宗立，仅使盗杀辅国，而不能正其罪。且又宠鱼朝恩、程元振。及德宗自奉天还，举不信朝臣，而使宦官专典神策军，其势遂不可制矣。

顺宗即位，擢用东宫旧臣王伾、王叔文，与谋诛宦官，不克。

文宗始用宋申锡为相；继又不次擢用李训、郑注，与谋诛宦官。亦不克，"甘露之变"，训、注皆被杀，并杀宰相王涯、贾悚。于是朝政皆决于宦官，宰相行文书而已，自穆宗以后，历代君主，无一非宦官所立者；而宪、敬二宗，皆为宦官所弑。奄竖之横，前古未有也。参看《廿二史札记》卷二十《唐代宦官之祸》。僖宗之立，年仅十二，尤敬信宦

官;至呼田令孜为阿父。时南有南诏之侵寇,关东则连年水旱;用兵
不息,赋敛愈急。流寇之乱作,而唐亡矣。

第三节　流寇之乱及沙陀入中原

西突厥之亡也,其别部处月,依北庭都护府以居。其地在金娑
山之阳,蒲类海之阴。蒲类海,今新疆巴里坤湖。有大碛曰沙陀,因号
为沙陀突厥。河西、陇右之陷,安西、安西都护府,治新疆库车。北庭,
朝贡道绝,假道回纥,乃得达。回纥由是求索无厌。沙陀苦之,密引
吐蕃陷北庭。吐蕃徙其部众于甘州。今宁夏,张掖县。久之,回纥取
凉州。吐蕃疑沙陀贰于回纥,欲徙其众于河外。沙陀酋长朱邪尽忠
乃与其子执宜举部来归。吐蕃追之,尽忠战死。执宜衷残部二千款
灵州塞;诏处其众于盐州,今宁夏,盐池县。后又徙河东。

前一〇四四年(西元八六八),徐、泗卒之戍桂州者,作乱北还。
徐州,今江苏铜山县。泗州,今安徽泗县。桂州,今广西桂林县。招讨使康承
训,以沙陀兵讨平之。乃赐执宜子赤心姓名曰李国昌,以为大同节
度使,治云州,今山西大同县。寻又徙镇振武,治单于都护府,今绥远和林格
尔县。国昌子克用,叛据大同。诏仍以国昌为大同节度,谓克用必无
以拒。而国昌欲父子各据一镇,不奉诏。为幽州兵所讨破。国昌、
克用,俱奔鞑靼。鞑靼别部居阴山者。

前一〇三七年(西元八七五),高(王)仙芝、黄巢作乱山东,后仙
芝为官军所讨斩;而巢自浙东入福建,陷广南;还陷潭、鄂、饶、信,自
采石渡江;潭州,今湖南长沙县。鄂州,今湖北江夏县。饶州,今江西鄱阳县。
信州,今江西上饶县。采石矶,在今安徽当涂县西北。北陷东京,入潼关。
僖宗奔蜀。官军四面讨巢,不能克。卒赦李克用,以沙陀、鞑靼兵讨
平之。而沙陀不可制矣。

第四节　唐　之　亡

黄巢乱后,诸藩镇益务割据。王室之命令,不复行于天下,分裂之势遂成。而李克用据河东,朱全忠据宣武,<small>治汴州,今河南开封县。</small>与唐室势尤逼近。

昭宗立,欲借朱全忠及河北三镇之力,以讨李克用。不克,卒贬宰相张濬以和。

时李茂贞据凤翔,王行瑜据邠宁,韩建据镇国,<small>凤翔军,治凤翔府,今陕西凤翔县。邠宁军,治邠州,见前。镇国军,治华州,今陕西华县。</small>皆与宦官相表里,朝廷屡致播迁。后行瑜为克用所杀,而茂贞与建,跋扈尤甚。帝置殿后四军,使诸王将,欲以图自强。茂贞举兵犯阙,帝奔华州。韩建遂尽杀诸王。以李克用入援,乃奉帝还。

帝又与宰相崔胤谋诛宦官。宦官挟李茂贞以自重,胤乃密召朱全忠之兵。

于是宦官劫帝于凤翔,全忠举兵围之,茂贞不能抗,乃奉帝如全忠营。帝还京师,遂大诛宦官。前一〇〇八年(西元九〇四),全忠迁帝于洛,旋弑之,而立昭宣帝。前一〇〇五年(西元九〇七),于是遂禅位于梁。

> 杨行密据淮南,是为吴。
>
> 钱镠据两浙,是为吴越。
>
> 马殷据湖南,是为楚。
>
> 王审知据福建,是为闽。
>
> 刘岩据岭南,是为南汉。
>
> 王建据剑南,是为前蜀。
>
> 李克用据河东,为晋,及其子存勖,改称唐。

第四章　五代及十国

第一节　梁唐之兴亡

梁太祖之初据汴州也,秦宗权方强,太祖屡为所逼。后乘宗权兵势之衰,灭之。遂兼山东及淮北,服河北三镇,并河中,降义武,_治定州,今河北定县。取泽、潞及邢、洺、磁。泽州,今山西晋城县。潞州,今山西长治县。邢州,今河北邢台县。洺州,今河北永年县。磁州,今河北磁县。连岁攻逼晋阳。遂入关迎昭宗而成帝业。

然后唐自李存勖立后,兵势复强,而梁末帝懦弱。于是河北三镇及义武,次第入后唐。筑德胜南北两城以逼梁。在今河北濮阳县境。梁人惟决河自固而已。前九八九年(西元九二三),梁使王彦章攻郓州。今山东东平县。后唐庄宗自将救之。彦章败死。唐人乘梁重兵皆在河外,长驱袭大梁。末帝自杀,梁亡。

后唐庄宗灭梁后,定都洛阳。遽骄侈,宠任伶人宦官。前九八七年(西元九二五),郭崇韬傅魏王继岌伐前蜀,灭之。宦官潛崇韬于刘后。刘后使继岌杀之。中外惶骇,讹言四起。魏博戍兵乘之,作乱于邺。庄宗遣李嗣源讨之。嗣源军亦叛,劫嗣源入邺。嗣源出,遂反。庄宗为伶人所弑。嗣源入洛,是为明宗。

明宗颇能安静息民。孟知祥复据蜀自立,明宗重用兵。弗讨

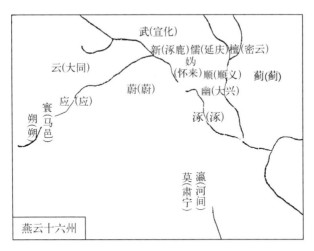

燕云十六州

也。明宗卒，养子从厚立，是为闵帝。明宗养子从珂叛于凤翔。闵
帝败死。明宗婿石敬瑭镇河东，从珂欲移之天平，即郓州。敬瑭反，
遂召契丹之师。

第二节　唐晋汉周之兴亡及契丹入中原

契丹酋长，本姓大贺氏。唐武后时，叛，败亡，遂中衰。玄宗时，
遥辇氏代之，亦不振，及前九九六年(西元九一六)，辽太祖乃代遥辇
氏而立。尽服塞外诸部落。西征回鹘，至于河西。又东北灭渤海，
服室韦；西北服黠戛斯。其疆域：东至海，西接流沙，北至胪朐河，
而南与梁、唐接壤。见《辽史·地理志》。胪朐河，今克鲁伦河。

辽太祖初与李克用约为兄弟，已而背之，通好于梁。故克用恨
之。后唐时，契丹入寇，屡败。然唐幽州将周德威恃勇，弃渝关之
险，契丹遂得刍牧营、平间。渝关，今山海关。平州，今河北卢龙县。前九
八六年(西元九二六)，太祖卒，太宗立。越十年，而石敬瑭来求援。
太宗自将赴之。破唐兵，册敬瑭为晋帝，挟之南下。唐主自焚死。

敬瑭割燕云十六州以赂契丹。

晋高祖既灭唐,迁都于汴。高祖殂,兄子重贵立。相侍卫景延广,罢对辽称臣之礼,兵衅遂启。前九六六年(西元九四六),辽兵入大梁,执出帝去。明年,辽太宗入大梁。遣"打草谷军"见《辽史·兵志》。四出剽掠。又分遣使者至诸道,括借财帛。多用子弟亲信为节度刺史。华人之狡猾者,因往依之,教之虐民。于是群盗四起。太宗不能定,遂北归。殂于滦城。今河北栾城县。辽之入大梁,刘知远自立于太原。及是,发兵入大梁。是为后汉高祖。

后汉高祖入大梁后,二年而殂,子隐帝立。前九六二年(西元九五〇),为其臣郭威所篡,是为后周太祖。后汉高祖弟崇,自立于太原,是为北汉,称侄于辽以求援,辽人册为帝(更名旻)。

第三节　周世宗之雄略及宋之统一

后周太祖代汉后,四年而殂。养子荣立,是为世宗。北汉乘丧,起辽兵来伐。世宗败之于高平。今山西高平县。时宿卫之军,累朝相承,不加简阅,皆弱不可用。世宗自高平还,深知其弊,乃大加拣汰。又诏郡县招募壮士,悉送阙下。简其尤者,为"殿前诸班"。又节冗费,修政治。于是国富兵强。时辽穆宗在位,沉湎于酒,国势中衰。而北汉及南唐、后蜀等,皆欲倚其力以倾中原。世宗乃先遣将伐蜀,取阶、成、秦三州。阶州,今甘肃天水县。成州,今甘肃成县。秦州,今甘肃秦安县。又伐南唐,尽取江北之地。前九五三年(西元九五九),伐辽。取瀛、莫、易,置雄、霸州,易州,今河北易县。雄州,今河北雄县。霸州,今河北文安县。遂趋幽州。辽守将不能抗,表请穆宗亲征,穆宗又不即应。幽州大震。会世宗有疾,乃还。

是岁世宗殂。子宗训立,方二岁。明年,传言北汉将约辽兵入寇,殿前都点检赵匡胤将兵御之。至陈桥驿,在今河南开封县东。为军士所拥立,是为宋太祖。

宋太祖既立,袭周世宗之余烈。而是时偏方诸国,皆微弱不振。于是先定湖南马殷据湖南后,子希声、希范、希广,兄弟相及。希广为其兄希萼所杀。希萼又为希广弟希崇所幽。于是希广旧将,有欲奉希萼者,朗州(今湖南常德县)守将王逵、周行逢,自希广时叛,推辰州(今湖南沅陵县)刺史刘言为主,亦不奉希崇命令。希崇惧,乞师于南唐。前九六〇年(西元九五二),南唐入潭州,楚亡。明年,刘言遣兵攻唐守兵,走之。自是言及王逵、周行逢,相继有湖南之地(皆居朗州,受署于周)。前九五〇年(西元九六二),行逢卒,子保权袭。其将张文表据潭州叛。保权乞援于宋。宋师至,文表已灭。宋人遂攻朗州,执保权以归。及南平,始主高季兴,梁太祖以为荆南节度使。领荆(今湖北江陵县)、归(今湖北秭归县)、峡(今湖北宜昌县)三州,后唐封为南平王。宋兵之救湖南,假道于南平,袭灭之。继灭后蜀,又灭南汉,又灭南唐。杨行密传子渥,兵权为牙将张颢、徐温所窃。温又杀颢。温养子知诰,遂篡吴。复姓李,更名昪,是为南唐。及太宗立之二年,吴越遂纳土。又二年,太宗自将伐北汉,灭之。而天下遂统一。

第五章　北宋之积弱

第一节　宋初之内治及其与辽夏之交涉

宋太祖代周后，厉行中央集权政策。罢诸将典禁兵。罢诸节镇，命朝臣出知军州事。又设通判以分其权。设转运使于诸路，以收财赋之权。诸州兵之强者，皆升为禁军。弱者乃留本州，给役而已。

宋初削平诸国，辄除其苛政，蠲其重赋，人民亦颇获苏息。然其对外颇不竞。

前九三三年（西元九七九），太宗既灭北汉，遂攻辽。败绩于高梁河。前九二七年（西元九八五），曹彬、田重进、潘美等分道北伐，又败绩。自是契丹仍岁入寇，宋惟立于防御之地位而已。前九〇八年（西元一〇〇四），辽圣宗自将入寇，至澶州，今河北濮阳县。中外震骇。宰相寇准力主亲征。卒以"岁币"银十万两，绢二十万匹成和议；辽主以兄礼事帝。前八七〇年（西元一〇四二），辽兴宗使求关南地。瓦桥关，在雄州。周世宗复瀛、莫，与契丹以关为界。宋使富弼报之。增岁币银绢各十万。

澶州盟后，辽患以纾，而西夏之侵寇大炽。西夏，本党项部落。其酋长拓跋氏，唐时入居中国。后以讨黄巢功，赐姓李，为定难节度使，世有夏、银、绥、宥、静五州。夏州，今陕西横山县。银州，今陕西米脂县。绥州，今陕西绥德县。宥州，今鄂尔多斯右翼后旗。静州，在今米脂县西，唐名静边州，五代改静州。宋太宗时，李继捧以地来归，而其弟继迁叛去。讨之，不克。后继迁为蕃族所杀，子德明立。对中国颇驯扰，而以其间西征回鹘，取河西，改灵州为兴州，定居之。德明卒，子元昊立。前八八〇年（西元一〇三二），遂反。宋人屡战皆北。当时陕西之地，屯兵数十万，岁费至千三百万缗，曾不能戢其侵寇。及前八六九年（西元一〇四三），元昊虽数胜，国亦困弊，乃请和。宋仍岁饷以银绢，谓之"岁赐"。

第二节　神宗之变法及元祐绍圣之纷更

宋真宗自澶渊盟后，虑辽人复行启衅，以辽俗信天，乃托言有天书降，封禅泰山，冀以愚惑敌人。见《宋史·真宗本纪》赞，此当时言天书符瑞之实情也。然自是四方争营宫观，事斋醮，而财用始不足矣。

宋兵数	
开宝	三七八〇〇〇
天禧	九一二〇〇〇
庆历	一二五九〇〇〇
治平	一一六一〇〇〇

宋初以中央集权故，诸州兵之强者，皆升为禁兵，四方戍守，皆由中央之兵，更迭任之，谓之"番戍"。兵将不相习，兵士又不悉边地形势，动辄败衄。而养兵日多，顾为财政上之大蠹。

又宋承晚唐五代，藩镇暴敛之后，豪强兼并，田赋不均。而是时之役法，计民资产，以定户等；按簿签差，责以保管官物，助收赋税，逐捕盗贼等事。役之重累者，破产不能给。人民至不敢事生产，其厉民尤甚。

仁宗在位岁久，虽号宽仁，而其为治实近姑息。神宗乃用王安石,建"新法",行"青苗"、"免役"、"方田均税"之法。大裁冗兵。置"将"统兵,分驻各地,以革番戍之弊。又令诸路渐次推行"保甲",欲以民兵代募兵。又改革"学校"、"贡举"之法,以培养人才。

神宗崩,哲宗立,年幼,太皇太后高氏临朝。相司马光、吕公著,尽废新法。及太皇太后崩,哲宗亲政,复行新法,谓之"绍述"。自是新旧党相争如水火,而旧党中又有"洛"、"蜀"、"朔"三党之分。及徽宗,乃用一依违新旧,以取富贵之蔡京,尽括天下之财,以供一人之淫侈,而事不可为矣。

第三节　神宗以后之兵事

唐时,陇右为吐蕃所据。后虽恢复,而蕃族之留居其地者甚多。大者数千家,小者数十百家为一族。其初颇能与西夏抗,后渐折而入之。神宗乃用王韶,征服蕃族,开熙河一路。

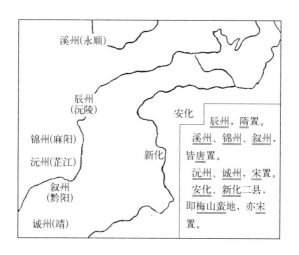

今湖南沅江流域,隋、唐时始逐渐开辟。唐末,其地复为蛮酋所据。宋初,虽招降之,顾未能收归版籍。而梅山蛮据腹心之间,为患尤甚。神宗使章惇经制蛮事,招降诸蛮,以其地分置郡县。自是湖南殆全开辟焉。

神宗又用兵西夏。前八三一年(西元一〇八一),遣宦者李宪合五道兵至灵州,不克。明年,给事中徐禧城永乐;在今米脂县西。又为夏人所攻,败死。是二役,中国丧失颇多。徽宗任童贯以开湟、鄯,鄯州,见前。湟州,在鄯州东南。因与西夏启衅。贯常掩其败,以捷闻。顾颇自谓知兵,轻约金以攻辽,而"北狩"之祸作。

第六章 北宋及辽金之兴亡

第一节 金 之 兴

自渤海之亡,女真皆服属于辽。在南者系辽籍,号熟女真;在北者不籍,号生女真。

高丽人函普,移居生女真,解其部族之斗。部人德之,妻以六十未嫁之女。其后生子,遂为完颜部人。是为金之始祖。

金室之兴,地在混同江、长白山。混同江,即黑水,今松花江之上游。古时黑水,以今松花江为上源,非如今黑龙江以鄂嫩、克鲁伦二水为上源也。盖故黑水靺鞨也。生女真程度甚低,时尚坎地而居,不知有岁月晦朔,无论文字矣。始祖曾孙献祖,徙居安出虎水,今阿勒楚喀河。始筑室,知树艺。献祖子昭祖,乃渐用条教,以号令诸部。昭祖耀武,至于青岭白山,入于苏滨、耶懒之地。白山,即今长白山。苏滨即金后来之恤品路,地在今兴京西南,逾鸭绿江。耶懒,即金后来之曷懒路,今朝鲜咸州至吉州一带。此及下条释地,均据朝鲜金于霖《韩国小史》。昭祖子景祖时,统门、五国诸部,统门,今图们江流域。五国部,在今朝鲜之会宁府,即宋二帝所迁也。亦皆听命。辽人以景祖为生女真部族节度使。景祖及其子三人,皆袭其职。至景祖孙太祖,遂叛辽。

第二节 辽 之 亡

辽之国势，以圣宗时为极盛。兴宗时，亦尚能蒙业而安。道宗任佞臣耶律乙辛，政始衰。天祚帝立，荒于游畋，不恤国事，遂至大坏。

时辽人岁遣使求名鹰"海东青"于海上，骚扰无不至。前七九八年（西元一一一四），金太祖遂起兵叛之。陷咸州及宁江州，咸州，在今辽宁铁岭县东。宁江州，今乌拉旧城，在吉林北松花江右岸。黄龙府，今吉林农安县。进陷黄龙府。天祚帝自将大军征之。至驼门，未详。闻其下有欲立其弟淳者，忽遽东还，为金人所追败。金旋又取辽东京。今辽宁辽阳县。于是女真民族，全脱辽人羁绊矣。

时辽人欲与金议和，然往返数年，卒不就。前七九一年（西元一一二一），战端复起。金人遂克辽上京。今热河开鲁县西南。又以辽将耶律余睹之降，用为乡导，克中京、西京。中京，今热河建昌县。西京，即云州。天祚帝辗转漠南，至前七八六年（西元一一二六），为金人所获。

先是宋人闻金战屡胜，遣使自海道如金，约夹攻辽。时辽人已立天祚弟淳于南京，幽州。童贯进兵攻之，败绩。淳旋卒，辽人立天祚次子秦王定，尊淳妻萧氏为太后，同听政。辽将郭药师来降。贯乘机，再遣兵攻辽。又败。贯惧，使乞师于金。金太祖遂自居庸关入，克燕京。

宋使如金求燕京及西京地，金人不与。宋许输岁币银绢各二十万两匹、绫二万匹，以代燕京租税。金人乃以其地来归。而营、平、滦三州滦州，今河北滦县。营、平二州，见前。以非石晋所割，不在还列。建平州为南京，使辽降将张觉守之。金之归宋燕京也，尽俘其民以行。众苦之,过平州,共推张觉为主,以其地来降,宋人受之。金人以为口实,兵衅遂启。见《金史·张觉传》。

第三节　北　宋　之　亡

前七八七年(西元一一二五),金宗望、宗翰两道伐宋。宗望自平州入燕京,宗翰自云中攻太原。时童贯驻太原,闻难逃归;知府事张孝纯固守。而宗望长驱渡河,围汴京。宋徽宗闻难,传位于钦宗。用李纲固守京城。旋与金议和。

宋主尊金主为伯父。

割太原、中山、河间三镇。中山,今河北定县。河间,今河北河间县。

输金五百万,银五千万两;牛马万头;表缎百万匹。

以亲王宰相为质。

旋括城内金二十万两、银四十万两与之,以肃王枢为质。金兵乃还。

时宗翰围太原尚未下,闻之,亦使人来求赂。宋人弗与。宗翰怒,分兵破威胜军、隆德府。威胜军,今山西沁县。隆德府,今山西长治县。宋人以为败盟,诏三镇固守,且出兵援之。又留金使萧仲恭。仲恭母,辽道宗女也;乃诡言有故国之思,能为宋招耶律余睹。宋人信之,与以蜡书。仲恭归,献其书于宗望。和议遂破裂。金太宗诏宗翰、宗望再伐宋。金又遣使来,言欲尽得两河地。宋复使许之,而两使皆不达。时太原已陷,金两道长驱至汴京。明年正月,城陷。徽、钦二宗,及钦宗太子谌、宗戚后妃等皆北去。金人立张邦昌为楚帝。金兵退,邦昌乃迎哲宗废后孟氏垂帘,后使迎立高宗。

第七章　南宋与金之和战

第一节　高宗南渡及秦桧时之和议

高宗即位于归德，相李纲，命宗泽留守汴京。旋任黄潜善、汪伯彦，罢纲，南走扬州。

前七八四年(西元一一二八)，宋使王师正请和于金。又密以书招诱契丹汉人，为金人所得。时宗望已卒，宗辅代将其军，太宗再诏令伐宋。时宗泽已卒，汴京陷。宗翰遣娄室取陕西，自与宗辅会于濮，_{今山东城濮县。}遣兵南伐。高宗奔杭州。_{今浙江杭县。}金人焚扬州而去。时前七八三年(西元一一二九)也。是岁八月，宗弼将兵渡江。陷建康，自独松关入，_{在今安徽广德县东。}陷杭州。高宗先已奔明州，自昌国入海。_{明州，今浙江鄞县。昌国，今浙江象山县。}宗弼亦遣兵陷明州，以舟师入海追之，不及，乃还。于是裒所俘掠，自平江而北。_{今江苏吴县。}韩世忠以舟师邀之江中，相持凡四十八日，乃败。

时张浚宣抚京湖川陕，以金兵萃淮上，出兵以牵制之。与金人战于富平，_{今陕西兴平县。}败绩。复任赵开理财，刘子羽、吴玠、吴璘等任战事，卒能保守全蜀。

前七八三年(西元一一二九)，金人立刘豫为齐帝，畀以河南、陕西之地。豫累谋入寇，不克。前七七五年(西元一一三七)，金人废之,立行台尚书省于汴。

　　初,二帝之北迁也,秦桧从,金太宗以赐挞懒。桧后浮海内归,高宗以为相。时金太宗已卒,熙宗立。挞懒等当国,颇跋扈。桧使求河南、陕西之地,挞懒许之。前七七四年(西元一一三八),以其地来归。明年,挞懒以谋反诛。宗弼入政府,主张再取河南、陕西,遂与完颜杲分道南下。

　　宗弼入河南,郡县所至迎降。前锋至顺昌,今安徽阜阳县。为刘锜所败。岳飞自荆襄出兵,败金人于郾城。今河南郾城县。吴璘亦出兵收复陕西州县。秦桧主和,召诸将班师。明年,十二月。和议遂成。

　　　　东以淮水,西以大散关在今陕西宝鸡县南。为界。
　　　　宋称臣于金。
　　　　输岁币银绢各二十五万两匹。

第二节　金海陵之南迁及韩侂胄北伐

　　金熙宗初年,颇能留心政治,金代制度,多其时所制定。晚年,嗜酒昏乱,为海陵庶人所弑。自上京今吉林阿城县。迁都于燕,又徙汴京。前七五二年(西元一一六〇),发大兵六十万南伐。尽陷淮西。将自采石济,为宋虞允文所败。时金人已立世宗,入燕。海陵欲尽驱其众渡江,然后北还。改趋扬州,为其下所弑。金师乃退。是岁,宋高宗传位于孝宗。任张浚宣抚两淮,谋恢复。浚使李显忠等分道出师,为金所败。前七四七年(西元一一六五),和议成。孝宗以伯父称金王。岁币银绢各减五万。地界如前。

　　前七二三年(西元一一八九),高宗崩,孝宗传位于光宗,光宗后李氏,与孝宗不协。光宗又有疾,定省之礼多阙,群臣固请之,不听。

都城人心颇惶惧。前七一八年（西元一一九四），孝宗崩，光宗仍不出，人心益惧。丞相赵汝愚因阁门使韩侂胄请高宗后吴氏，主持内禅之事。光宗遂传位于宁宗。宁宗立，韩侂胄有宠，排赵汝愚去之。朱熹主经筵，为帝论汝愚不当斥，侂胄怒，并排去熹。时流俗有"道学"之目，忌者遂教侂胄目为"伪学"，尽加斥逐。侂胄由是弥不为清议所与，乃思立大功以自表异。

　　会金世宗殂，章宗立，北边叛乱者数岁。河南、山东，又颇有荒歉。附会者遂张大其词，谓金势有可乘。侂胄信之，阴修战备。前七〇六年（西元一二〇六），遂下诏伐金。已而战事不利。襄阳及淮东西俱陷。侂胄复阴持和议。金人复书要斩侂胄。侂胄怒，和议遂绝。而宁宗后杨氏，与侂胄有隙。使其兄次山与侍郎史弥远谋，杀侂胄，函首以畀金。和议乃成。增岁币为银绢各三十万两匹。

第六编　近古史下

第一章　宋金元之兴亡

第一节　蒙　古　之　兴

蒙古之先，为室韦之蒙兀部。唐时处望建河南，今黑龙江。参看《元史译文证补》卷二十七中。其后西徙不儿罕山。至南北宋间，始渐强。哈不剌、俺巴孩、忽图剌，三世相继，皆有汗号。元室始祖，据《蒙文秘史》名孛儿帖赤那。（译言"苍狼"，故《大典本》有"狼鹿生人"之讹。）《元史》始于孛端察儿，乃孛儿帖赤那十三世孙也。孛端察儿以后世系如下（无关系之人名，以厶代之）：

```
孛端察儿┬─厶—厶—厶—厶—海都┬─厶—厶—哈不勒┬─把儿坛—也速该—
        └札只剌歹              └厶—厶—俺巴孩  忽图剌
```

帖木真（成吉思汗）

孛端察儿及其两兄不忽合塔吉、不合秃撒勒只，皆其母阿阑豁阿（《元史》阿阑果火）寡居后所生，托诸神人。故此三子之后，蒙兀人称之曰尼伦（义谓"洁清"），别派曰"多儿勒斤"（犹言"常人"）。孛端察儿尝娶一有孕妇人，未几生子，是为札只剌歹。其后为札答剌氏。俺巴孩之后为泰亦赤兀氏。

忽图剌卒后，蒙古无共主，复衰。成吉思汗父也速该，尝统辖尼伦全部，未几亦卒，部族离散。而泰亦赤兀氏，与成吉思齮龁尤甚。

时漠南北诸部中：塔塔儿与蒙古为世仇，蔑儿乞与蒙古亦有

怨,而客列部长王罕,为成吉思父执;札答剌部长札木哈,少与成吉
思相友善。成吉思得王罕、札木哈之助,伐蔑儿乞,胜之。始与札木
哈同牧。札木哈以诸部多归心成吉思,忌之,徙牧他去。己而纠十
三部之众来伐,成吉思亦分军为十三翼迎之,败绩。后与王罕助金,
讨平塔塔儿。而乃蛮太阳罕乘机纳王罕之弟。王罕还战,不胜,奔
西辽。己复东归,成吉思助之复国。遂与联合,破诸部拥戴札木哈之
师。灭泰亦赤兀。王罕子鲜昆,与成吉思有隙,举兵来攻,成吉思败
退。旋出不意,袭王罕,亡之。太阳罕约汪古来伐,汪古以告。成吉思
先举兵伐之。太阳败死。遂灭其弟不亦鲁黑。于是漠南北尽平。前
七〇六年(西元一二〇六),诸部大会于斡难沐涟之源,_{今敖嫩河。}

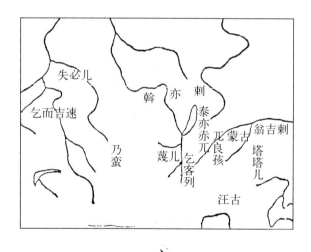

【翁吉剌】　蒙古甥舅之国。据《元史·特薛禅传》,地在也里古纳河(今额
尔古纳河)流域。

【塔塔儿】　即鞑靼异译。据《元秘史》,地在捕鱼儿海(今贝尔湖)附近。

【蔑儿乞】　在斡儿洹(今鄂尔坤)、薛凉格(今色楞格)二河流域。

【兀良孩】　即《明史》之兀良哈,清代译作乌梁海。据《秘史》,其牧地亦在

不儿罕山(今车臣、土谢图两部界上之布尔罕哈勒那都岭)。

【客列】 其部长王罕,建牙于土兀剌沐涟(今土拉河)。

【汪古】 地在今归绥县北。

【乃蛮】 太阳罕地,南近沙漠。其弟不亦鲁黑汗,北近金山。

【斡亦剌】 在今西伯利亚南境。其部落甚多,《秘史》总称为秃绵斡亦剌。“秃绵”,译言“万”也。

【乞儿吉速】 亦作吉利吉思;唐黠戛斯,今哈萨克人也。当时地在也儿的石河(今额尔齐斯河)流域。

【失必儿】 鲜卑异译。地在乞儿吉速正北(今鄂毕河流域)。

上尊号曰成吉思汗。

第二节　金之亡

金世宗之立,仍都于燕。始徙其种人于中原,既失旧时强悍之风,而又不能勤事生产,国势遂衰。金人于北部筑边墙,自河套东北迤,迄女真旧境。使汪古部守其冲。及是,汪古附蒙古,导其兵入隘,而金边事遂棘。参看《元史译文证补》卷一。

前七〇二年(西元一二一〇),成吉思汗伐夏,夏降。遂伐金。破金兵四十万于会河堡。在察哈尔万全县西。遂入居庸关,薄燕京。金卫卒力战,乃退。越三年,成吉思汗再伐金。留兵围燕城,自将徇山东,分兵略河东及辽西,所过残破,河北遂不可守。汗还兵,屯燕城北。金人妻以卫绍王女,请和。蒙古兵既退,金宣宗迁都于汴。成吉思谓其有相疑之心,再发兵围燕京,陷之。

时金人尽调河北兵守河南,非夺民地以畀之耕,即增横敛以足国用。国事益坏。成吉思留木华黎经略太行以南,而自率众西征,金人乃得少纾。然又以宋罢岁币,起兵南伐。以疆埸细故,与夏构兵。迨哀宗立,乃请和于宋、夏。前六八七年(西元一二二五),与夏

中

以兄弟之国成和，而宋卒不许。

前六八五年（西元一二二七），成吉思汗自西征归，伐夏。未克而殂。诸将遵遗命灭夏，然后发表。前六八三年（西元一二二九），太宗立。令拖雷假道于宋，自汉中出襄、邓而北，自将自白坡济。在今河南孟津县。金完颜哈达、移剌蒲阿与拖雷战于三峰山，在今河南禹县。败绩，良将锐卒都尽。而汴城守御坚，蒙古不能克，乃议和，退军河、洛。旋金卫卒杀蒙古使者，和议遂绝。汴京饥窘不能守，哀宗走河北，旋走蔡州。而宋复与蒙古约夹攻金。前六七九年（西元一二三三），使孟珙、江海帅师会蒙古兵围蔡。明年正月，克之。金亡。

第三节　宋　之　亡

宋自韩侂胄死后，史弥远复专政。理宗为弥远所援立，委任尤专。弥远死后，贾似道继之。国事益坏。

前六九六年（西元一二一六），宋罢金岁币。金人南侵，宋人御之。互有胜负。时山东群盗多降宋。宋人收抚之，欲借以谋北方。顾力不能制，李全、时青等，跋扈江淮间，转几成尾大之患。

既约元灭金，赵葵、赵范等议复三京。宋以大梁为东京，洛阳为西京，宋州（今河南商丘县）为南京，大名为北京。宰相郑清之主之。遣兵北侵，入汴、洛而不能守。蒙古反分兵南下，川、楚、江、淮，州郡都陷。

蒙古自太宗后，传定宗以至宪宗。前六五四年（西元一二五八），大举入蜀，围合州。今四川合川县。宋将王坚固守。宪宗殂于城下，蒙兵乃还。而忽必烈亦自河南南侵，围鄂，今湖北武昌县。贾似道援之，不敢战。约称臣，画江为界，输岁币以请和。忽必烈乃还。似道以大捷闻于朝。于是蒙古使来修好者皆幽之。

前六四八年（西元一二六四），理宗崩，度宗立。是岁，元世祖迁

都于燕。时宋将刘整降元,说元人围襄阳。凡六年,外援不至。襄
阳遂降元。前六三八年(西元一二七四),理宗崩,恭帝立,年幼,太
后谢氏临朝。元使伯颜总诸军入寇。伯颜分兵平两湖,自将大军,
长驱东下,陷建康。前六三六年(西元一二七六),临安陷,恭帝遂北
狩。宋故相陈宜中等立益王于福州。旋为元兵反逼,走惠州。后崩
于硇洲。宋人立其弟卫王,迁于崖山。福州,今福建闽侯县。惠州,今广
东惠阳县。硇洲,在今广东吴川县海中。崖山,在今广东新会县海中。前六三
三年(西元一二七九),为元所灭。

第二章　蒙古之极盛及其衰机

第一节　蒙古之西征

唐中叶以后,大食盛强。葱岭以西之地,悉为所并。其后东方诸酋,多据土自立。国姓屡易,朝名綦多。当辽之亡,其雄视西亚之塞而柱克朝 Seljuks,译音依《元史译文证补》。已衰,而花剌子模渐盛。Khwarism.辽王族耶律大石西走,至北庭,唐北庭都护府。会十八部王众,简其精骑而西。灭塞而柱克,服花剌子模。定都于吹河流域之虎思斡耳朵,是为西辽。乃蛮之亡也,太阳罕子古出鲁克奔西辽。与花剌子模内外夹攻,亡之。于是花剌子模乘机拓土,征服旁近,为西方大国。

西突厥之亡也,其遗族仍雄张于西,是为葛逻禄。元时称之曰哈剌鲁。回纥之亡也,其遗众多走天山南北路。其后渐次得势,元时称之曰畏吾儿。成吉思既定漠南北,畏吾儿、哈剌鲁皆降。于是自东方入西域之路开。

成吉思汗之南侵,古出鲁克及蔑儿乞酋忽秃乘机谋复故地。前六九六年(西元一二一六),成吉思北还。使速不台攻忽秃,哲别攻古出鲁克,平之。蒙古遂与花剌子模接壤。

成吉思因商人以通好于花剌子模。花剌子模王阿拉哀丁谟罕默德许之。未几,蒙古人随西域商人而西者,皆为讹打剌城主所杀。在锡尔河滨。成吉思汗大怒,前六九三年(西元一二一九),遂自将大兵西征。破讹打剌,及其都城寻思干。今撒马儿干。花剌子模王遁走,遣哲别、速不台追之。王辗转入里海中小岛而死。其子札剌哀丁走哥疾宁。城名,在巴达克山西南,印度河东。成吉思自将追之,破其兵于印度河边,乃还。哲、速二将,别绕里海逾高喀斯山,今译作高加索,此从《元史译文证补》。败阿速、撒耳柯思及钦察之兵。钦察酋奔阿(斡)罗思,二将追之,战于孩儿桑,斡罗思大败。亡六王七十侯,兵士死者十九,列城皆无守备。幸二将不复深入,平康里而还。

其后太宗遣兵定不里阿耳,入斡罗思。遂进规孛烈儿及马札剌。入派特斯城。西抵威尼斯。欧洲全境震动。会太宗卒,乃还。宪宗时,又遣兵下木剌夷,平报达,渡海,收富浪岛焉。今英属塞普洛斯岛。

第二节　蒙古之东南二方经略

唐之亡也,新罗亦衰,高丽王氏建国。其后常臣服于辽、金。金末,耶律留哥、蒲鲜万奴割据东北。镏(留)哥初都隆安(今吉林农安县),后居咸平(今辽宁开原县),降于元。万奴初据东京,后入女真故地。契丹遗族,因之作乱。蒙古追之,因入高丽境,约为兄弟之国。后蒙使为盗所杀,蒙人疑高丽所为,兵衅遂启。至前六五三年(西元一二五九),乃成和。于是高丽内政,时受元之干涉。或废置其国王,或于其地立行省,几于不国。迨元亡,朝鲜李氏自立,乃免。既服高丽,又欲因以招致日本。日本不听。前六三八年(西元一二七四),遣忻都征之。拔对马,陷壹岐,掠肥前沿海。以飓作而还。前六三一年(西元一二八一),又遣忻都、范文虎以兵二十余万东征。泊鹰岛,飓征见,文虎等气馁,择坚舰先走。余众多为日本所杀。世祖大怒,欲再举。会有事安南,遂不果。

元之用兵南方,始宪宗时。令世祖以皇弟入吐蕃,平大理。大理蒙氏,唐昭宗时,为其臣郑买嗣所篡,改号大长和。后唐明宗时,又为其臣赵善政所篡,改号大天兴。寻又见篡于其臣杨义〔幹〕贞,改号大义宁。晋高祖时,段思平得之,更号大理。传十一世,至宋神宗熙宁中,为其臣杨义〔贞〕所篡。有高昇太者,起兵平之。立段寿辉,传子正明,避位为僧。国人奉昇太为主,改号大中。临终,令其子复立段氏。号曰后理,高氏世相之。元灭大理,以其地设都元帅府。中原多故,段氏复据其地。至明初,乃为蓝玉、沐英所灭(据《续文献通考》)。留兀良哈台平乌白蛮。即猡猡,亦称两爨。兀良哈台遂欲招降安南,安南不听。发兵入其都。以暑湿,不能久留,乃还。时安南为陈氏太宗。前六二九年(西元一二八三),以占城内属,立行省于其地。而其王子不服。命镇南王脱欢讨之,因假道安南。明年,入其都。还,为安南伏兵所败。明年,再讨之,又不克。而两用兵于缅,亦不利。

宋时,南洋诸国,与中国交通最盛者,为三佛齐、阇婆、渤泥。三佛齐,今苏门答腊。阇婆,今爪哇。渤泥,今婆罗洲。元时,海外诸国,以俱蓝、马八儿为纲维马八儿,今印度麻打拉萨属部马拉巴尔。俱蓝,为马八儿后障。世祖使唆都、李(杨)庭璧先后往招之,诸国来朝者颇多。而于爪哇,亦尝一用兵焉。

第三节　蒙古大帝国之分裂

蒙古行封建之制,宗室诸王,各有分地,而成吉思汗四子,分地尤大。盖拖雷所得者,为和林旧业;太宗所得者,为乃蛮故地;察合台所得者,为西辽故地;术赤所得者,为花剌子模、康里、钦察之地。

说本日本那珂通世，见所著《成吉思汗实录》。和林，太宗所建，今额尔德尼招其遗址也。其后西域又经定宗、宪宗两朝，然后戡定。其定西北诸部族，功出于术赤之子拔都；而定西南诸部族，则功出于拖雷之子旭烈兀。故术赤分地，拔都之后，实为之共主；而伊兰高原之地，旭烈兀之后，实君临之。西史亦称太宗之后为阿窝（窝阔）台汗国，察合台之后为察合台汗国，术赤之后为钦察汗国，旭烈兀之后为伊儿汗国云。

蒙古大汗，本由诸部族公推。当立君之际，则开大会，谓之"忽立而台"。宗王、妃主、驸马、诸万户、千户皆与焉。太宗之立，由成吉思遗命，故无异议。定宗殂后，太宗及拖雷后人，各欲争立。而太宗后人，多不洽众望；宪宗以得拔都之援，被推。太宗孙失烈门谋叛，宪宗诛之，并杀定宗可敦及用事大臣。宪宗命弟阿里不哥守漠北，世祖守漠南。宪宗之殂，世祖不待"忽力而台"推戴，遂自立于开平。今察哈尔多伦县。阿里不哥亦自立于和林，后为世祖所败。而太宗孙海都，乘机自擅于远，察合台、钦察两汗皆附之。屡攻北边，世祖尝命亲王宿将戍守和林以防之。武宗时，海都子察八儿乃来朝。然蒙古大汗之号令，自海都之叛，不复能行于全国，而其所分封之诸汗国，亦皆日趋衰乱，遂渐成瓦解之势焉。

第三章　晚唐宋辽金之政治制度及社会情形

第一节　官　　制

宋初官制,沿自晚唐、五季。唐末,财政艰窘,乃置转运、盐铁二使,以分掌天下之财赋;又尝置度支使,以宰相兼之。自宦官握权后,枢密使一职,亦渐形重要。五代时,乃以士人为之。宋以同平章事为宰相,参知政事副之。度支、盐铁之外,又有户部使,总称三司,置使副以总之,号称计相。而枢密院与中书,对持文武大柄,号称二府。百官皆以差遣治事,其官特以定禄秩而已。神宗革新官制,始仍以三省为相职。而侍中、中书令、尚书令,以官高不除人。以尚书左仆射兼门下侍郎,以行侍中之职;右仆射兼中书侍郎,以行中书令之职。罢三司,还其职于户部。枢密专主兵谋,余职皆还之兵部。南渡后,改左右仆射为丞相。韩侂胄专权,又有平章军国事之号。枢密使往往由宰相兼领,自开禧以后,遂成常制焉。

外官皆由朝臣出知。其守州郡者,称权知军州事;守一县者,称知县事。宋代使官最多。其掌兵者,则有制置、宣抚、经略、安抚等使。总一路财赋者,则有转运使。专司刑狱者,则有提点刑狱。又有提举、常平、茶盐、茶马、坑冶、市舶诸司。南渡以后,治财赋者称总领。四川、湖广、淮东西,皆设焉。参看第三节。

辽官制皆分南北面。南以治汉人州县,北以治部族属国。其北面之官最重要者:北枢密院,视兵部;南枢密院,视吏部;北、南二大王院,视户部;夷离毕,视刑部;宣徽北南院,视工部;敌烈麻都,视礼部。而以北、南二宰相府总之。金自景祖始建官属,然极为单简。其后定制,除少数沿自辽者,大抵皆规放汉制也。

第二节　学校选举

魏、晋以后,国家教育之权,既移于私家。隋、唐以来,人才登进,遂几专于科举。王荆公主行学校养士之法,于太学立“三舍”。始入学者居“外舍”,以次升“内舍”、“上舍”。“上舍生”得免礼部试,授官。又立“律学”、“武学”、“医学”。罢“诸科”,惟存“进士”。去诗赋,改试经义、论策。其经义,又改“墨义”为“大义”。设新科“明法”,以待士之不能改业者。元祐后,分进士为“诗赋”、“经义”二科,南渡后因之。然高才之士,多趋重诗赋。

辽圣宗六年,尝开科举,亦分“词赋”、“经义”两科。惟契丹人不许应试。金亦尝立学校,设科举。其科举:应“经义”、“词赋”获选者,谓之进士;中“经童”及“律科”者,谓之举人。世宗最重保守本俗,故又特立“女真国子学”及“女真进士科”焉。初试策,后加试论,故亦称策论进士。

第三节　兵制上

唐初之兵,皆出于府,宿卫亦由府兵“番上”。其后府兵法坏,内之则有“彍骑”以充宿卫,外之则有“藩镇之兵”。又有所谓“禁军”者,初以从定天下,不愿散归之士为之,授以渭北闲田;其后增置渐广。中叶后，原驻陇右之神策军，入京师，列为禁军。德宗自奉天还，始统以宦官。其时各方分戍之兵，饷糈皆薄，而神策军独厚，遂皆请遥隶焉。于是宦官之势骤盛，终至把持朝局，与唐偕亡。自有藩镇之后，地擅于将，将又擅于兵。节度使之废立，每操之军人之手。五代时天子之兵，其实仍即前此藩镇之兵，故视置君如弈棋也。周世宗始大革其弊，又务弱外州之兵，以强京师。宋人祖述其策，举国任战之兵，悉隶三司，殿前司及侍卫马步军司，皆有都指挥使及副都指挥使。谓之"禁兵"。其留外州者为"厢兵"，则"给役"而已。其弊也，养兵百万，而不能以一战。王安石出，乃大加裁汰，置将分驻，以代"番戍"。又欲变募兵为"民兵"，募兵阙额，则收其饷，以供保甲教阅之费。于是民兵盛而募兵衰。元祐以后，保甲教阅之制既废。蔡京为相，又务封桩缺额军饷，以充上供，而民兵亦衰焉。

南宋之兵，多出"招募"及"招降群盗"。其从高宗总宿卫者，为杨沂中之兵。此外则张浚、韩世忠、岳飞、刘光世之兵最盛。四川之兵，后皆并于吴玠。杨沂中（中）及韩（后）、岳（左）、张（前）、刘（右）之兵，初称"御前五军"。刘光世死后，其众叛降齐，以吴玠之兵升补。时张浚、韩、岳之兵，为三宣抚司，分驻于外。秦桧与金言和，乃罢之。虽仍驻扎外州，而直隶朝廷，帅臣不加节制。设总领以掌其财赋，并带"报发御前军马文字"之衔焉。

第四节　兵　制　下

契丹旧俗，其富以马，其强以兵。诸部族平时田牧，各有分地；有事则举部皆兵。而每一君主即位，又必分州县、析部族，以置"宫卫军"。诸亲王大臣，亦自置私甲，以从王事，是为"大首领部族军"。其"五京乡丁"，则以土著之民为之。仅以保卫地方，不恃以作战。

"属国军"有事征之。助兵多少,各从其便,无定额。

金制,诸部长平时称"勃堇",战时称"猛安"、"谋克"。猛安,千夫长;谋克,百夫长也。其后用兵,于猛安之上置军帅,军帅之上置万户,万户之上置都统。后改都统为元帅府,置元帅及左右副元帅,而元帅尝居守不出。最后行兵曰元帅府,平时称枢密院,而罢万户官。女真部落,极寡弱。初起时,兵不满万。徒以其"将勇而志一,兵精而力齐"。遂能战胜攻取,所向无敌。及其得志中原,自顾其宗族种人尚少,乃割土地,崇位号,以假汉人,使为效力而守之。猛安谋克,杂厕内地,听与契丹、汉人婚姻,以相固结。迨夫国势寖盛,则归土地,削位号,罢辽东、渤海、汉人之袭猛安谋克者,渐以兵柄归其内族。然枢府金募,兼采汉制。伐宋之役,参用汉军及诸部族。盖其众实不足于用也。采《金史·兵志》。参看《宋史·吴玠传》《金史·郦琼传》。

第五节　赋　税　上

吾国赋税之法,至唐中叶后而一变。汉代"租"出于田,"赋"出于口。自"户调"法行,人皆有田,而口税、田税,遂合为一。后魏"均田"及唐"租庸调"之制皆同。参看《文献通考》卷三马氏之论。天宝以后,其法大坏。官授田之法尽废,即版籍亦多不实。富而多丁者,或以"宦学"、"释老"得免,而赋尽并于贫人。前一一三二年(西元七八〇),杨炎相德宗,创"两税"之法。"户无主客,以见居为簿;人无丁中,以贫富为差。"令于夏秋两次输纳。是后历代多沿用之。

宋时民赋有五:曰"公田之赋",曰"民田之赋",田税也。曰"丁口之赋",身税也。曰"城郭之赋",宅税、地税也。曰"杂变之赋",亦曰"沿纳",则唐以来两税外增取他物,复折为赋者也。其取之亦用两税之法。

宋时赋税,尚多收实物。有时某处须用某物,而当地适无,则令他处之民,将赋税输至此处,是曰"支移"。或命本地之民,将赋税改输他物,是曰"折变"。其后皆变为厉民之政。"和籴"本所以代漕运;布帛则"折科"外复有"和预买",皆本非赋税。然其后多方掊克,亦甚有竟变为赋税者。

辽租税之制不详。金制,官地输"租",私田输"税"。其取之亦用两税之法。猛安谋克户所输,谓之"牛具税"。民口二十五,受田四顷四亩有奇,岁输粟不过一石,又多拘刷良田与之。然诸猛安谋克人,皆惟酒是务,伐桑为薪;有一家百口,陇无一苗者,尽令汉人佃莳,取租而已。

第六节 赋 税 中

晚唐以后,厉民之政,不在于税而在于役。盖此所谓役者,非古代力役之征,乃庶人在官者之事也。皆按民丁口之多寡,资产之厚薄,以定"户等",而按籍"签差"焉。宋时役之名目甚多,而"里正"、"衙前",主运官物、典府库,赔累尤甚。民至鬻田于人,以减户等;非法就死,以就单丁。王安石创"雇役"之法,令旧当役之户,出"免役钱";无役之户,出"助役钱",而以其钱雇人为役。元祐以后,复行差法。南渡后,又有所谓义役者,合一地方之人,通力以应官差。一家就役,其余诸家,合力助之。于法为最善,惜推行未甚广。又有名为人民自行组织,而实为豪右所把持者。金人亦行差法。又计民所有之财产,而征其"物力钱"。上自公卿,下逮民庶,无得免者。

役起于"物力",物力"升降"不淆,则役法平。推定物力之法有二:一曰"手实",一曰"推排"。手实者,责民自实其财产之数,推排则责乡都查核。前法散漫而难以集事。后法之弊，在吏视贿赂之多寡，以定户等之高下。又有所谓"推割"者，则民典卖田产时，赋税既随产业为转移，物力簿上，亦同时改注，以升降其户等。所以省手续而求正确也。金人则于推排之外，又有所谓"通检"者，屡次派员分行全国，推定人户物力，骚扰尤甚。

第七节　赋　税　下

吾国自唐中叶以前，税法皆以"田租"、"口赋"为主。此外各种税入，多由地方主之，中央不甚视为重要之收入。唐中叶后，税法紊乱，藩镇擅土，收入大减。乃置转运、盐铁二使，广收杂税之利。而宋因之。其荦荦大者：曰"盐"，曰"茶"，曰"酒"，曰"坑冶"，曰"商税"。

盐法始唐刘晏。其法：籍民户制盐，而免其徭役，是曰"亭户"，亦称"灶户"。其卖诸人，则有"官鬻"及"通商"二法。

制茶者曰"园户"。除输定额之茶，以代租税外，其余者官悉市之。官市茶之价皆先给，谓之"本钱"。立榷货务六，_{江陵府、真州(今江苏仪征县)、海州(今江苏东海县)、汉阳军(今湖北汉阳县)、无为军(今安徽无为县)、蕲州(今湖北蕲春县)之蕲口，京师亦有榷货务，但止主给钞而不积茶。}除淮南十三场外，他处所产之茶，皆辇赴榷货务，由官卖之。

酒：州郡皆置"务"官酿。县镇乡间，或听民自酿，而收其税。三京又造曲鬻之。_{赵开在四川，又有"隔酿法"。就旧场务设"槽"，令民以米入官自酿，而收其税。}

坑冶：或官置"监"、"冶"、"场"、"务"，或听民承买，而以分数中买于官。

商税：亦起唐藩镇。州县置收税之机关，名曰"务"。过税千取二十，住税千取三十。所税之物，及其税额，随地不同，皆书而揭示之。对辽、夏互市，皆有"権场"。但或为条约上之义务，或借此以图抚驭，意不在于牟利。而东南市舶司，收海路贸易之税，则其利极厚。开宝置于广州，后又置于杭、明、泉（今福建晋江县）、密州（今山东诸城县）。其法：商船至先税十之一。香药宝货，仍先与官为市。

宋时又借盐、茶等之官卖，以济边需而省漕运。其法：令商人入刍粟于边，或入钱及金帛于京师榷货务。而由官给以钞，自行前往支取货物。初以解池之盐，为陕西沿边之备。其后东南茶盐，及榷货务缗钱，亦许入刍粟者指射。其弊也：沿边官吏，与商人通同作弊，高抬刍粟之价，谓之"虚估"，以致虚耗官物。而入刍粟者，皆沿边土人，得钞辄售之商人，或京师之"交引铺"，其价多遭抑勒，土人初无大利。入刍粟者仍不踊跃。后乃令商人专以现钱买茶，官亦以现钱买刍粟。于是茶不为边备所需，而"通商"之议起。遂停给茶户本钱，但计向者所得之息，取诸茶户，而听其与商人买卖焉。迨蔡京出，复行榷法。由官制"长短引"，卖之商人，而听其自买于茶户。其后淮、浙之盐，亦用此法。遂为后世所沿袭。

此外，又有"经总制钱"、"月桩钱"、"板帐钱"等，则合各种杂税而成者也。

金于盐、酒、茶、铁、锡、丹矾等，亦皆有税。又有关税、商税。

第八节　学　术

西汉经师，多传孔门微言大义。东汉诸儒，则详于名物训诂。自经魏、晋之乱，两汉专门之学，尽失其传，乃有"义疏之学"出焉。其谈玄一派，与佛学合并，至唐而佛学遂臻极盛。北宋时，乃有摄取佛学之精华，而复返之于儒学之面目者，其人自称，谓之"道学"，亦曰"理学"。后人对清儒所崇尚之学言之,则谓之"宋学",而称清儒所治曰"汉学"。

宋学之最著者,为"濂"、"洛"、"关"、"闽"四派。"濂"者,周敦颐,道州濂溪人。道州,今湖南道县。"洛者",程颢、程颐,河南人。"关"者,张载,郿县横渠人。郿县,今陕西郿县。闽者,朱熹受学于李侗,李侗受学于罗从彦,罗从彦受学于杨时,时及侗、从彦皆闽人。熹,婺源人(今安徽婺源县)。杨时,将乐人(今福建将乐县)。李侗、罗从彦,皆延平人(今福建南平县)。而二程及朱,最称纯正,为宋学之正宗。

又有金溪陆九渊者,金溪,今江西金溪县。主"先发人本心之明";与朱熹之主"格物穷理"者异,而与明代之王守仁颇相近。故人亦并称之曰"陆王"。

至邵雍之学,出于陈抟,则若近"术数"矣。雍子伯温,谓雍之《易》受之李之才,之才受之穆修,穆修受之陈抟。朱震谓陈抟以《先天图》授种放,三传而至邵雍。放以《河图洛书》传李溉,更三传而至刘牧。穆修以《太极图》传周敦颐,再传而至程颢、程颐(见所著《汉上易》),则其说颇有疑之者。此一派学术,盖源出道家。欲知其详,可看清胡渭《易图明辨》。

第九节　契丹及女真之文化

辽之为国,合北方游牧部族及中原郡县之地而成。其游牧民中,又分三级。皇族、国舅,及其所尊崇之遥辇、渤海、奚王等,谓之"宫帐"。契丹之贵族也。此外直接所辖之民,谓之"部族"。其仅通朝贡,及战时得随意征兵者,则谓之"属国"。而平时田牧,有事时则任战守,部族实为其立国之中坚。契丹旧俗,极为野蛮。可参看《北史》本传。唐中叶后,乃渐进化。太祖之祖玄祖,始教民稼穑。其父德祖,始知冶铁。德祖弟述澜,又教民筑城邑及耕织。至太祖,乘幽州之乱，大招徕汉人，别为一部，而国遂勃然以兴。其文字：则太祖时，始制契丹大字，盖出汉字。《辽史·太祖本纪》神册五年，《突吕不传》《耶律鲁不〔古〕传》，及《五代史》。又有小字，则出于回鹘。《辽史·皇子表》。宗室中通汉文学史学者甚多。宗教则信佛极笃。可参看《辽史·礼仪志》。

　　女真程度，初亦极低。已略见前。第五编第五章第一节。其文字，初创者为完颜希尹，亦出汉字，谓之大字。其后熙宗所制，则称小字。宗教最重拜天之礼；《金史·礼志八》。而亦极信巫觋。《金史·始祖以下诸子传》。盖即清代之"萨满教"也。辽金制度，已略见本章以前诸节。本节专就其社会之组织及文化言之。

第七编　近世史上

第一章　元明之兴亡

第一节　元之衰乱

　　蒙古"汗位继承"之争，已见前编。自世祖以后，其争仍不息。世祖立子真金为太子，早卒。世祖时，成宗总重兵防北边。及世祖殁，伯颜以宿将重臣，总己以听，故成宗之立无异辞。成宗立，武宗继防北边。成宗崩，后伯岳吾氏欲立世祖次子安西王阿难答。右丞相哈剌哈孙使迎仁宗于怀州，监国以待武宗之至。武宗至，杀阿难答，弑伯岳吾后而自立。以仁宗为太子。仁宗立己子英宗为太子，而出武宗子明宗于云南。武宗旧臣，奉之奔阿尔泰山，依察合台后王。仁宗崩，英宗立。为奸臣铁木迭儿之党铁失所弑。子泰定帝立，崩于上都。子天顺帝立。签密院燕帖木儿胁大都百官迎立武宗之子。于是先使迎文宗于江陵，摄位以待明宗。发兵陷上都，天顺帝不知所终。明宗至漠南，即位。文宗与燕帖木儿入见，明宗暴崩。文宗再即位。心不自安，遗命必立武宗之子。文宗崩，燕帖木儿欲立其子燕帖古思。文宗后翁吉剌氏不可。迎立宁宗，数月而薨。后又使迎顺帝。燕帖木儿阻之，既至，数月不得立。会燕帖木儿死，乃即位。旋追举明宗暴崩故事，毁文宗主，夺其庙号，而放逐翁吉剌后及燕帖古思焉。

元代诸主,惟世祖颇聪明,能制定治法,然亦好用言利之臣。其后惟仁宗相李孟,政治稍称清明。此外诸主,多运祚短促,且继嗣之际,常起纷争。权臣因之,窃擅威柄,朝政益紊。顺帝在位颇久,而极荒淫。朝臣脱脱与太平、韩嘉纳等,结党互排。嬖臣哈麻、雪雪,初与脱脱相结,后更有隙,排脱脱去之。次后奇氏,生子爱猷识理达腊,立为太子。后与太子,阴谋"内禅"。哈麻、雪雪,亦与其谋。事觉,杖死。搠思监为相,与御史大夫老的沙不协,而谄事奇后宠阉朴不花。至于彼此各借武人兵力以相争,而元祚讫矣。

第二节　元末之乱及明之兴

前五六四年(西元一三四八),方国珍起兵台州,_{今浙江临海县。}劫掠漕运。旋白莲教徒刘福通,亦起兵安丰,_{今安徽寿县。}立教主韩山童之子林儿。李二据徐州。_{今江苏铜山县。}徐寿辉起湖北。_{初据蕲水(今湖北蕲水县),后徙汉阳。为其将陈友谅所杀。}郭子兴据濠州。_{今安徽凤阳县。}张士诚据高邮。_{今江苏高邮县。士诚后徙平江。}脱脱弟也先帖木儿讨贼,连年无功。脱脱不得已,自将大军出讨。平李二,围张士诚。哈麻等排去之。前五五四年(西元一三五八),刘福通分兵三道,北犯,(一出晋冀,自雁门掠上都;一入关中,一攻山东。)而自挟韩林儿陷开封。初,颍州察罕帖木儿,与信阳李思齐,_{颍州,今安徽阜阳县。信阳,今河南信阳县。}同起兵讨贼。元朝皆授以官。及是,陕西行省使求救于察罕,察罕及思齐救却之。遂平河东,进攻开封。刘福通走还安丰。察罕进兵山东,为贼将所刺杀。子库库帖木儿代总其军,卒平之。先是孛罗帖木儿驻兵大同,欲得晋冀以裕军食。察罕不可,遂治兵相攻。察罕又与陕西参政张良弼不协,与李思齐连兵攻之。及是,搠思监因太子言于帝,免老的沙职。老的沙奔大同。

搠思监遂诬孛罗谋叛。孛罗举兵犯阙，杀搠思监及朴不花。太子出奔。顺帝使人刺杀孛罗。库库奉太子还京。奇后欲使以兵力胁帝内禅，库库不可。时命库库总诸军平南方。李思齐耻受库库节制，反与张良弼合攻库库。因下诏削库库官爵，命太子总诸军讨之。旋以明兵逼，复其官爵，命率兵出御，然已无及矣。

　　明太祖朱元璋，初起兵从郭子兴；后别为一军，渡江，取集庆路。今江苏江宁县。以次灭陈友谅、张士诚，降方国珍。前五四五年（西元一三六七），命徐达、常遇春分道北伐。同时使胡美下闽、广，杨璟定广西。达自河南，遇春自山东，分道并进。合兵德州，今山东德县。北扼直沽。顺帝遂弃大都北去。于是命徐达入太原，乘胜定秦陇。前五四一年（西元一三七一），遣将平明升。明玉珍子。玉珍，徐寿辉将。陷四川。寿辉死，遂据重庆（今巴县）自立。前五三一年（西元一三八一），复平元梁王于云南。中国遂平定。

第二章　明之盛衰

第一节　明初之武功

明太祖既定天下,定都应天。今南京。以开封为北京,太祖择名城大都,分封诸子。而燕王棣、晋王棡,以守御北边故,得节制诸将,权任尤重。太祖太子早卒,立建文帝为太孙。太祖崩,建文立。用齐泰、黄子澄之谋,以法绳诸王。燕王棣举兵反。入京师,建文帝不知所终。燕王立,是为成祖。以北平为顺天府,建为北京。今北平。前四九一年(西元一四二一),遂迁都焉。

元顺帝之北去也,居上都。太祖遣常遇春击破之。顺帝走应昌,应昌城,在今达里泊旁,为元外戚翁吉剌氏之地。旋殂。太祖又遣李文忠击之,爱猷识里达腊奔和林,卒。子脱古思帖木儿袭。时元遗臣纳哈出尚据辽东。前五二五年(西元一三八七),太祖命蓝玉等讨平之。遂袭破脱古思帖木儿于捕鱼儿海。脱古思北走,为下所弑。自是五传皆遇弑,蒙古大汗之统系遂绝。有鬼力赤者,自立,称鞑靼可汗。旋为阿鲁台所杀。迎立元裔本雅失里。成祖亲征破之。时瓦剌强,其酋马哈木,杀本雅失里,破阿鲁台。阿鲁台来降。前四九八年(西元一四一四),成祖亲征马哈木,破之。后又三次亲征阿鲁台。

时安南陈氏,为黎氏所篡。成祖遣沐晟、张辅讨平之,以其地为交趾布政司。又命宦官郑和招致海外诸国。和造大船,率海军二万七千,航南洋。顺者招抚之,不顺者威之以兵。前后凡七奉使,三擒番长焉。

第二节　明国威之渐衰及土木之变

明太祖定制,内侍不许读书。成祖起兵,得中官为内应,始选官入内教习。设京营提督,使监军。又命随诸将出镇。建东厂,使刺外事,并使出使外国。安南离中国独立久,向来多野心家,加以中官奉使暴横,于是叛者四起。宣宗时,遂弃其地。

明初,因元大宁路之降,建泰宁、朵颜、福余三卫。皆隶北平行都司,宁王权居大宁以节制之。泰宁卫,在元海西之台州站(海西为元行政区域名,即后来扈伦四部之地)。朵颜卫,在今吉林北珠家城子附近。福余卫,在今农安附近。大宁,在今赤峰、承德间。参看《清朝全史》第二章。成祖起兵,袭执宁王。及事平,遂徙大宁都司于保定。今河北清苑县。以其地界兀良哈。于是开平卫势孤,宣宗时遂徙治独石。开平卫,初建于元上都之地。独石,察哈尔独石口。宣宗崩,英宗立。年幼,宠太监王振。时马哈木子脱欢,统一瓦剌三部,袭杀阿鲁台。前四六三年(西元一四四九),脱欢子也先,大举入寇。王振劝帝亲征。至大同,知不敌,还师。至土木堡,在察哈尔怀来县西。为也先所虏。于谦以太后命,奉景帝监国,旋即位。也先薄京师,谦督诸将力战御之。并以重兵守宣府、察哈尔宣化县。大同。也先屡入犯,不得志,乃奉上皇(英宗)还。

第三节　宦官之乱政

英宗之北狩也,侍讲徐有贞主迁都;及事成,内惭。总兵石亨守京城有战功，因骄恣，为谦所裁抑，亦怨谦。前四五五年（西元一四五七），景帝有疾，遂结太监曹吉祥等，以兵闯入宫，迎上皇复位，杀于谦。有贞旋为亨所挤，贬死。亨及吉祥，皆以谋反诛。

英宗复辟后，宠逯杲、门达，使掌锦衣卫狱。宪宗又宠汪直，使掌西厂。及孝宗立，乃任刘健、谢迁、李东阳。政治颇称清明。孝宗崩，武宗继之，宠东宫旧竖刘瑾。于东西厂外别立内厂，横暴尤甚。武宗极荒淫。瑾既诛，又宠大同游击江彬，导帝出游，人心震动。宁王宸濠，反于南昌。今江西南昌县。巡抚南赣王守仁讨平之。帝又以亲征为名，出游南京而还。武宗崩，无子。世宗入继大统。帝驭宦官颇严，然好以明察自矜；中岁后，又好神仙。严嵩因之，每激帝怒以入人罪，大权遂为所窃。国事愈坏。

第四节　俺答及倭寇

脱欢之弑本雅失里也，欲自立，其下不可，乃迎立元裔托托不花。及也先，遂弑之自立。旋为知院阿剌所杀。鞑靼部长孛来，攻阿剌，杀之。于是瓦剌衰，而鞑靼复盛。自孛来以后，数主皆入居河套，为患颇深。前四四二年（西元一四七〇），成吉思后裔巴图蒙克自立，是为达延汗。先平定漠北，次及漠南。遂平套部。世宗时，自与其嫡孙徙牧近长城，是为插汉部。今译作察哈尔。而其诸孙俺答，为土默特部之祖，为患最深。前三六二、三五三、三四二年（西元一五五〇、一五五九、一五七〇），尝三掠畿辅焉。达延汗为现在蒙古诸部之祖。蒙古大汗之统绪，自北徙中绝后，实至达延汗乃复续者也。其世系之见于《蒙古源流考》者如下：

```
            ┌ 图鲁〔博罗〕特——博迪阿拉克汗—达赉逊库登汗—图们台吉(札萨克图汗)—
            │ 布延台吉(傲辰汗)—莽和克台吉—陵丹巴图尔台吉(库图克图汗、林丹汗)
       达 ┤ 乌鲁斯
       延 │           ┌ 衮必里克图
       汗 │ 巴尔苏 ┤                    ┌ 黄台吉——扯力克——卜失兔
            │           └ 阿勒坦汗(俺答) ┤
            │                            └ 铁背台吉—把汉那吉
            └ 格埒森札赉尔
```

衮必里克图为鄂尔多斯之祖。格埒森札赉尔为喀尔喀四部之祖。

　　日本自与元构衅,禁其民不与中国交通,私出海营贸易者,皆无赖边氓。久之,遂流为海寇。元中叶,日本分为南北朝。明初,南朝为北朝所并。遗臣入海与之合,海寇遂益炽,屡掠朝鲜及中国沿岸,然未大盛也。日本自统一后,颇欲借互市以阜财。与中国、朝鲜贸易皆盛。明以浙江市舶司管理之。世宗时,司废不设,贸易之事,移主于贵官势家,负倭直不偿,而通番之禁复起。倭人财匮不得归,遂据海岛为寇。中国奸氓,亦冒其旗帜入掠。浙东西、江南北,无不被其患者。甚至沿江深入,直抵南京,明无如何也。后胡宗宪抚浙江,诱诛盗魁汪直,寇乃渐平。

第五节　神宗之怠荒及朝鲜之役

　　世宗中年以后,万事废弛。及神宗立,高拱、张居正相继为相。行官吏久任之法,严州县讳盗之诛,崇节俭以阜财,严刑法以治盗,颇有起衰振弊之功。时俺答已授抚,而插汉及土默特继为边患。高拱为相,擢用戚继光、李成梁分守蓟、辽,居正当国,益左右二人。继光善守御,成梁屡战克敌。北边息肩者数十年。

　　张居正卒后,神宗亲政,复怠荒。初日本自开国后,世与虾夷为敌。平氏、源氏,世镇东北边。后平氏为源氏所仆。始置武职于诸州,遂成封建之势。其后北条氏、足利氏,相继攘窃,益以大封啖将士;而其将士,又各以地分封其下;全国分裂。神宗时,有丰臣秀吉者,起而平定之。念乱臣终未尽绝,欲尽驱其众于国外。前三二〇年(西元一五九二),遂遣兵侵朝鲜。朝鲜王走平壤,又走义州,使来求援。神宗命李如松援之,败日兵于平壤,尽复汉江以北之地。旋以轻进,败于汉城附近之碧蹄馆。于是"抚议"起。迁延数岁,迄不就。迨秀吉卒,日兵乃还。

是役也,明调兵运饷,骚动全国。其后播州又有杨应龙之叛。见第八编第二章第一节。乾清宫灾,复谋营建。于是加赋至八百万。又任中官四出开矿,及为各省税使。刻剥诬陷,无所不用其极。神宗中年后,怠荒尤甚,不视朝者二十余年。群臣结党互排。无锡顾宪成,讲学于东林书院。海内景附,往往讽议时政,裁量人物。于是东林党议复起,而有"三案"之争。迨熹宗立,敌党结奄竖魏忠贤,尽锄当时之正人君子,而国事不可为矣。

第三章　明清之兴亡

第一节　清 之 兴

清人自称其部族之名曰满洲。自称己姓为爱新觉罗，始祖名曰布库里雍顺。居长白山东俄莫惠之野鄂多理城。数传后，族被戕，幼子范察得免。又数传至肇祖，乃诱诛先世仇人之后，定居于赫图阿拉。今辽宁新宾县。又据近人所考证，则"满洲"二字，明人译作"满住"，乃大酋之称，非部族之号。清代之先，实为明时之建州女真。明初东北辖地颇远。女真之宾服者，皆设卫以处之。故有海西、建州、野人三卫。建州左卫指挥使，受职者名猛哥帖木儿，即清人所谓肇祖也。建州左卫，设于前五〇〇年（西元一四一二），地在朝鲜会宁府河谷。后猛哥帖木儿，为七姓野人所杀。弟凡察嗣职，旋为朝鲜所逼，迁居今佟家江流域。后猛哥帖木儿子董山出，与之争印。明廷乃分设右卫，以处凡察，以调停之。董山渐桀骜。前四四六年（西元一四六六），檄致广宁今辽宁北镇县。诛之。又出兵破其部落。女真人戴其子脱罗，声言复仇。久之，渐不振。而右卫王杲强，据宽甸附近，李成梁击破之，王杲奔哈达。

哈达者，扈伦四部之一。扈伦本在黑龙江支流忽喇温河流域。后南徙，据海西女真之地。而哈达、叶赫二部尤强。明边恃为捍蔽，

称为南北关。哈达为南关，在今辽宁开原县北。叶赫为北关，在今吉林西南。及是，哈达酋王台执王杲以献，成梁斩之。其子阿台怨，助叶赫与哈达构兵。苏克苏浒河部满洲五部之一。尼堪外兰，导李成梁攻古勒塞，射死阿台。阿台者，景祖孙婿也。是役也，清景、显二祖俱死焉。阿台，《清实录》作阿亥。古勒塞作古埒城。

　　前三二九年（西元一五八三），太祖起兵攻尼堪外兰，尼堪外兰奔明边，明执以付太祖，并开抚顺、清河、宽甸、瑷阳四关互市。太祖次第服满洲五部。扈伦、长白山及蒙古之科尔沁等九部来攻，太祖击破之。又与叶赫合，灭哈达。前二九六年（西元一六一六），遂起兵攻明。本节所述可参看《清朝全史》，及近人所著《心史史料》。至《清实录》所述世系，与明人记载对照则如下：

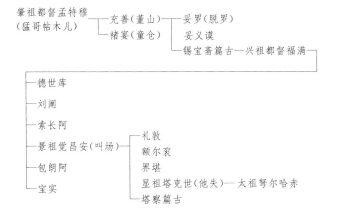

第二节　明清之战争

太祖既叛明，陷抚顺、清河，进攻叶赫。叶赫告急于明。明以杨镐为经略，发大兵二十万，分四路东征，败绩。太祖遂陷铁岭，进灭叶赫。明以熊廷弼为经略。廷弼招集散亡，分布沿边要隘，别选精锐为游徼。熹宗立，廷臣劾其不战，代以袁应泰。应泰有吏才，无将略，沈、辽遂陷。太祖移居辽阳。前二八七年（西元一六二五），又移居沈阳。明再起熊廷弼为经略。廷弼建三方布置之策（以陆军驻广宁；登莱、天津，各设水师；经略居山海关节制之），而为广宁巡抚王化贞所掣肘，辽西城堡多陷。明逮廷弼、化贞，俱论死。以王在晋为经略。在晋欲专守山海关，袁崇焕主守宁远。大学士孙承宗是崇焕议。于是罢在晋，以承宗代为经略。旋又罢承宗，代以高第。第性恇怯，尽撤守备入关。崇焕誓以死守宁远。前二八六年（西元一六二六），太祖大举攻宁远，败绩，伤而死。见《清朝全史》第十二章。太宗立，定朝鲜；前二八五年（西元一六二七），以敌国礼成和。前二七六年（西元一六三六），乃称臣。还攻宁远、锦州，又败绩。时魏忠贤党劾去崇焕。毅宗立，乃复用之。然以其专杀毛文龙，文龙为辽东都司。渡海，据皮岛。今图作海洋岛。亦不能无疑。前二八三年（西元一六二九），太宗大举自喜峰口入。崇焕兼程入援。毅宗信反间，下之狱。前二七一年（西元一六四一），太宗遂陷锦州。降明蓟辽总督洪承畴。毛文龙部将耿仲明、孔有德叛降清，导清陷旅顺。广鹿岛今图作光禄岛。守将尚可喜降，明海上之势力亦摧灭矣。

第三节 流寇之起及清兵入关

明代末年,本已民穷财尽。而崇祯初,陕西又大饥。流贼遂起,自陕西入山西。剿之,又流入河北。渡河,窜湖、广、四川、襄、郧。前二七八年(西元一六三四),陈奇瑜蹙之于车箱峡,贼伪降,出峡即复叛。于是贼分为二:高迎祥、李自成及张献忠为之魁。其后,孙传庭禽迎祥,自成走甘肃。张献忠亦为卢象升所败,诣湖广降左良玉。而清兵复以是时入关,诸将皆撤兵东援,贼势遂复炽。前二七一年(西元一六四一),自成陷河南。败孙传庭于潼关。前二六八年(西元一六四四),自山西南陷真定,今河北正定县。北陷大同、宣府。自居庸关陷京师,毅宗自缢。

山海关守将吴三桂入援,至丰润,闻爱妾陈沅被掠,走还降清。时清太宗已卒,世祖立。年幼,郑亲王济尔哈朗、睿亲王多尔衮摄政。多尔衮,太祖第十四子。济尔哈朗,太祖弟舒尔哈齐之次子。多尔衮方略地关外,疾驰受三桂降。与共击自成,破之。自成走陕西。清兵遂入京师。十月,世祖遂移都焉。分兵下山东、河南,两道攻陕西。自成走死湖北之通城。

第四节 明 之 亡

北京之陷也,明潞王、福王皆避难至南京。众议欲立潞王。而凤阳总督马士英挟兵力,欲立福王。史可法等不得已,从之。士英旋入阁,出可法督师江北。可法分江北为四镇,谋战守,而诸将不和。左良玉又与马士英不协,举兵东下。朝命促可法入援。比至,则良玉死,其军已为守芜湖之黄得功所败矣。可法遄返扬州,则清兵已抵盱眙。檄各镇赴援,无一至者。可法力战七昼夜,城陷,死之。清兵遂渡江,福王被虏。清兵定杭州而还。

于是明鲁王以海,监国绍兴;唐王聿键,称帝福州。而江南亦以清下剃发之令,义兵纷起。然不旋踵,复以清所败。前二六五年(西元一六四七),清遣吴三桂等攻四川,张献忠阵殁。贝勒博洛攻闽、浙,鲁王奔厦门。唐王为郑芝龙所制,芝龙阴通款于清,王遂死于福州。

明人奉桂王监国肇庆,清遣降将李成栋入广东,孔有德、尚可喜、耿仲明陷湖南。攻桂林,何腾蛟死守,得不陷。未几,李成栋以广东、金声桓以江西皆反正。何腾蛟乘机复湖南。川南、川东亦来附。于是桂王有两广、云贵、江西、湖南、四川七省之地,势颇张。而张名振亦奉鲁王,出入闽、浙沿海。清乃命洪承畴镇江宁,吴三桂下四川,耿仲明、尚可喜取江西,孔有德攻湖南。金声桓、李成栋、何腾蛟先后败死。前二六二年(西元一六五〇),清兵陷桂林。桂王走南宁。使封张献忠余党孙可望为秦王。可望令刘文秀攻四川,李定国攻桂林。孔有德败死,三桂走汉中。旋清兵复陷湘、粤。乃命洪承畴守长沙,李国英守保宁,尚可喜守广东,无意进取也。而桂王以可望跋扈,密召李定国。可望攻定国,败绩,降清。洪承畴因请大举。前二五四年(西元一六五八),清兵分三道入滇。定国奉桂王走腾越,而伏精兵于高黎贡山,清兵追之,败绩。乃还。桂王旋入缅甸。前二五一年(西元一六六一),三桂发兵十万出边,缅人乃执桂王以献,三桂杀之,明亡。

第五节　台湾郑氏之亡及清定三藩

鲁王之入海也,明将张名振奉之居舟山。义民纷起应之,而张

煌言一军为之魁。前二六一年(西元一六五一),大举薄吴淞。清人
袭舟山,陷之。乃与煌言共奉鲁王奔厦门,依郑成功。

郑成功者,芝龙子。芝龙之降清,成功退据厦门,治船练兵,为
兴复计。清兵入滇,成功大举,自崇明入长江。至江宁,为清兵所
败,乃还。前二五二年(西元一六六〇),攻台湾,逐荷兰人,据之。
旋卒,子经嗣。

三藩之乱,郑氏略福建地数郡。旋为清所陷,并弃金门、厦门二
岛,退守台湾。三藩平后,清廷颇欲与郑氏言和,而闽浙总督姚启圣
不可;郑氏降将施琅,尤欲灭郑氏以为功。前二三一年(西元一六八
一),经卒,群小构成功妻董氏,杀经长子克𡐍,而立其次子克塽,政
乱。越二年,遂为清所灭。

三藩者,平南王尚可喜(广东)、靖南王耿继茂(仲明子,福建)、
平西王吴三桂(云南)皆明降将也。三桂功最高,兵亦最强。前二三
九年(西元一六七三),尚可喜以年老,属兵事于子之信,为所制,请
撤藩。部议许之。三桂精忠不自安,亦请撤藩以觇朝意。群议莫敢
决,圣祖独断许之。三桂遂反,贵州、湖南、四川、广西及襄阳,先后
响应,耿、尚二藩亦举兵。清兵之守荆州者不敢进,而陕西将王辅臣
又叛应三桂。势颇震动然三桂欲亲出应辅臣,不及。清兵反乘之,
由江西攻湖南,三桂虽旋兵救却之,然遂不能进取。而耿精忠以与
郑经构兵,尚之信以苦三桂征饷,又皆叛降清。三桂势日蹙,乃称帝
于衡州,欲以维系人心。旋卒,孙世璠袭。前二三一年(西元一六八
一),为清所灭。

第八编　近世史下

第一章　近代之蒙回藏

第一节　喇嘛教

蒙古、新疆，与青海、西藏，地势上本各为一高原，在前代关系甚鲜。乃自喇嘛教盛行以来，而此诸地方，遂互有关系，此近代之新变化也。初喇嘛教之行，其末流颇多流弊。有宗喀巴者，以前四九五年（西元一四一七），生于西宁。及长，入雪山，修苦行。遂自立一派，黄其衣冠以示别。人因目旧派曰"红教"，新派曰"黄教"。黄教僧徒，皆不娶妻。宗喀巴遗命，二大弟子达赖、班禅，世世以"呼毕勒罕"，济度众生。其教渐行于海、藏。红教遂失势。前三五三年（西元一五五九），俺答袭据青海，留其子宾兔奄兔守之。于是蒙古与喇嘛教之关系生。前三三三年（西元一五七九），俺答迎三世达赖至漠南布教。其后化及漠北，遂自奉宗喀巴第三大弟子哲卜尊丹巴，后身居库伦。达赖五世，始通使于清太宗。太宗亦遣使报之。及世祖入关。迎达赖至京。封为西天大善自在佛。而清代借喇嘛教以怀柔蒙、藏之策，亦于是乎始。

然漠北三汗，自奉喇嘛教后，颇流于文弱。而卫拉特顾日强。其众分为四部：

和硕特，居乌鲁木齐。

　　　　准噶尔,居伊犁。

　　　　杜尔伯特,居厄尔齐斯河。

　　　　土尔扈特,居塔尔巴哈台。

　　时红教势力,尚存于后藏。藏巴汗为其护法。达赖五世之第巴桑结,招和硕特固始汗入藏,击藏巴,杀之。而奉班禅居札什伦布。于是和硕特部徙牧青海,遥制西藏政权。桑结又恶之。乃招准噶尔噶尔丹入藏,袭杀固始汗之子达颜汗。时准噶尔已逐土尔扈特,服杜尔伯特。及是,遂并卫拉特四部为一。并羁縻天山南路,其势大张。

第二节　清定蒙藏及准部

　　漠南蒙古之降清,以科尔沁部为最早。时察哈尔林丹汗颇强,明人岁饵以重币,令牵制清人。前二八〇年(西元一六三二),清太宗袭破之。林丹汗走死青海。于是漠南诸部皆降。然漠北三部,关系尚浅也。

　　前二二四年(西元一六八八),噶尔丹攻喀尔喀,三汗部众,同时奔溃。走漠南降清。清圣祖亲出塞,大阅以绥服之。命科尔沁部假以牧地。前二一七年(西元一六九五),噶尔丹以兵据克鲁伦河上流。圣祖亲出塞,破之。越二年,又幸宁夏,发兵邀击。时噶尔丹伊犁旧地,已为兄子策安拉布坦所据。闻兵出,遂自杀。

　　先是达赖五世卒,桑结秘不发丧,而嗾噶尔丹内犯。至是尽得其状。圣祖赐诏切责。旋桑结为固始汗曾孙拉藏汗所杀。奏立新达赖六世。诏封拉藏为翊法恭顺汗。而青海诸蒙古,皆以拉藏所立达赖为伪。自于里塘迎立一达赖。诏暂居西宁以调停之。无何,策安拉布坦又派兵入藏,袭杀拉藏汗。而西藏人顾承认青海所立达赖为真。乃诏皇子允禵自西宁、年羹尧自四川两道并出，击准噶尔兵，却之。而西宁之新达赖遂入藏焉。

前一九〇年(西元一七二二)圣祖崩。固始汗孙罗卜藏丹津煽青海诸部以叛。岳钟琪袭破之。罗卜藏丹津走准噶尔。诏策妄拉布坦执献之，不听。

先是札萨克图汗部额驸策凌愤蒙人积弱，自练精兵数千。策妄拉布坦来攻，大败之。于是清使独立为三音诺颜汗部。而定以阿尔泰山为准、蒙游牧之界。

前一六七年(西元一七四五)，策妄拉布坦卒。准噶尔内乱。辉特部土尔扈特属部，时居塔尔巴哈台。长阿睦尔撒纳来降。高宗发兵平准部。并获罗卜藏丹津。阿睦尔撒纳复叛，前一五五年(西元一七五七)，兆惠等讨平之。于是设伊犁将军，分兵驻防伊犁、塔尔巴哈台、乌鲁木齐等处焉。

第三节　回部之平定及廓尔喀

天山南路，在元时本察合台后王之地。其后回教教主摩诃末之裔和卓木，居喀什噶尔，人民尊信之。南路政教之权，遂渐入其手。而和卓木之后，分为"白山"、"黑山"二宗，轧轹殊甚。噶尔丹尝以达赖之命，废黑山宗而立白山宗。遂羁縻其地。策妄立，又黜白山，代以黑山。而质白山酋之二子于伊犁。所谓大小和卓木也。清之定伊犁，二子归而自立。清遣兆惠、富德讨平之。于是葱岭以西诸国，若浩罕，亦作敖罕。所属有四大城，最东者称安集延。其人长于经商，最有名。或以是称其种人，故清代载籍，亦有称浩罕为安集延者。若哈萨克，分三部：左部曰鄂尔图玉斯，行国(西书称大吉利吉思)；中部曰齐齐玉斯，西部曰乌拉玉斯，皆城郭之国(西人称中小吉利吉思)。其地东北抵乌梁海，南界塔城，东南接伊犂。**若布鲁特**,分东西两部：东部五,在天山北,准部西南;西部十五,在葱岭西麓,与哈萨克浩罕巴达克山毗连。**若乾竺特**,亦作坎巨提,又作喀楚特。**若博罗尔**,今译作帕米尔。**若巴达克山**,**若布哈尔**,**若阿富汗**,咸通贡内附焉。

西藏之南,有泥婆罗,亦佛教国。前一四五年(西元一七六七),为其南之游牧种人廓尔喀所并。前一二二年(西元一七九〇),寇西藏。侍卫巴忠不敢战,使藏人许以岁币议和。明年,廓人责岁币,再入犯。又明年,高宗命福康安击破之。廓人请降,定五载一贡。

于是禁止藏人与四境交通。命驻藏大臣行事仪制,一切与达赖、班禅平等,收其政教之权。并颁"金奔巴"二：一藏京师雍和宫,一藏西藏大昭寺,达赖、班禅及大胡土克图出世,则入签于瓶中而掣之。所以管理西藏者益严矣。

第二章　近代之西南开拓及后印度半岛

第一节　西南之开拓

西南诸省,自秦、汉以来,中国虽置郡县于其地,然终未能完全开拓。及元以来,而中国所以治之之法,又一进化。元于诸族之地,皆置路、府、州、县。其酋长之来朝者,皆授以宣慰、宣抚、招抚、安抚,长官诸司之名。承袭必得朝命,有犯顺或不称职者,则因而黜之。明、清两朝,皆袭其策。而诸土司之"改流"者遂日多。然其间累勤兵力者,亦仍有数处。

沅江流域,本苗族之根据地。唐、宋时之开拓,已见前。清康、雍后,复增辟永顺一府,乾州、今湖南乾城县。凤凰、永绥、松桃四厅。于是湖南全省,完全开辟。

贵州一省,介居湘、蜀、滇、桂之间,四面皆未开之地,自湘入者,由沅域。自滇、蜀入者,自泸会于毕节。自桂入者,由郁江上流。故其开辟为独晚。前四九九年(西元一四一三),始列于布政司。而水西安氏、水东宋氏,分辖贵阳附近诸土司。播州今贵州遵义县。自唐以来,久为杨氏所据,尤地广而兵强。明神宗末年,其酋杨应龙叛。熹宗立,调川、滇、湖南三省之兵,然后克之。以其地为平越、遵义二府。时宋氏已衰,安氏独盛,未几复叛。毅宗初,乃讨定之。

于是贵州省内,惟东南部仍有一"大苗疆",以古州_{今贵州榕江县。}为中心,环寨千三百里余,周几三千里。而云南东北境,有乌蒙、乌撒、东川、镇雄四土府。明时隶属四川,有鞭长莫及之势。西南部普洱诸夷,亦与江外土司,勾结为患。清世宗任鄂尔泰督云、贵,以三府_{时乌撒已废。}改隶云南。卒成改流之功。鄂尔泰又任张广泗,平定苗疆。世宗崩,苗人一时俱叛。高宗立,复任广泗讨平之。

其在广西,则桂林之古田,平乐之府江,浔州之藤峡,梧州之岑溪,明代皆烦累朝之兵力然后定。

四川西境,最烦兵力者,为大小金川。_{大金川,今理番县之绥靖屯。小金川,今懋功县。}清高宗讨之,用兵五年。糜饷至七千万。

琼州一岛,元开为路,明继设府。而汉人所居者,皆沿海之地。黎人据中央之黎母山,屡出杀掠。前六二一、三七二、三一一,及前二二诸年(西元一二九一、一五四〇、一六〇一、一八九〇),相继发大兵勘定之。最后一次,直抵其巢穴,自岛中央至海口,开成十字路焉。

第二节　后印度半岛诸国

明初所辖西南土司,境界极广。然其后实力所及,西不过腾冲,南不越普洱,遂渐成今日之境界焉。案明初云南西南土司,以平缅、麓川为最大。其南为缅甸,又其南为洞吾,又其南为古剌。_{当时之平缅、麓川,包有今保山以西之潞江安抚司,腾冲西南,南甸、干崖、盏达诸土司。又自此越汉龙、天马诸关,直抵今缅甸北境伊洛瓦底江右岸之孟拱、孟养,左岸之八莫、孟密等,亦皆其地。其缅甸则在今蛮得勒、阿瓦一带。古剌,则今白古也。}其在普洱南者为车里,车里之南为老挝,老挝之南为八百。_{车里,在今云南境内澜沧江右岸。老挝,在暹罗西北境。八百,《元史》称八百媳}

妇。在今暹罗北境,地名景迈。**东界安南,南接暹罗。**实包有伊洛瓦底江流域,及萨尔温、湄公二江上游。平缅、麓川,在元代本为两宣慰司。明太祖初命平缅思氏兼辖麓川之地。后又分其地,置孟养、木邦、孟定、潞江、干崖、大侯、湾甸诸土司。思氏欲恢复其地,屡叛。英宗时,明三次大举。思氏匿居孟养,卒不能克。乃立陇川宣抚司而归。方明之大举也,缅甸尝执思氏酋以邀赏,故思氏怨之。明兵退,遂灭缅甸。杀其酋莽纪岁。其子莽瑞体奔洞吾,以本洞吾外孙,故遂袭其业。后尽并附近诸土司。破孟养,亡思氏。瑞体卒,子应里立,寇边。前三二九年(西元一五八三),明将刘綎击破之。然亦仅定陇川,缅甸建国之势遂定。

前一五八年(西元一七五四),缅酋莽达剌为锡箔江夷族所杀。木梳土司雍藉牙代之。取阿瓦,平古剌。子孟驳,又并阿剌干,灭暹罗。前一四七年(西元一七六五),寇云南。高宗命明瑞、额勒登额两道征之。额勒登额顿兵不进,明瑞败死。高宗又命傅恒大举,终不能克。仅因其请和,许之而还。后暹罗复国,受封于中国。缅人惧,乃亦请成受封焉。

安南黎氏自明宣宗时,离中国独立。至前三八五年(西元一五二七),为其臣莫氏所篡。明以为讨。莫氏请为内藩。乃削国号,立都统司,以莫氏为使。时黎氏之臣阮氏,仍以黎氏之裔据西京。前三二〇年(西元一五九二),入东京,并莫氏。明以莫氏为内臣,又来讨。且立莫氏于高平。黎氏亦如莫氏,受明都统使之职,乃听其并立。三藩之乱,黎氏乘机灭莫氏。然以任外戚郑氏故,与阮氏不协。阮氏遂南据顺化,势同独立。清乾隆时,西山豪族阮文惠及其兄文岳、文虑,皆骁勇知兵(是为新阮)。入顺化,灭旧阮。前一二七年(西元一七八五),遂入东京灭郑氏。留将贡整戍之而还。明年,贡整助黎氏以拒阮氏。文惠攻杀之。其臣阮辉

宿来告难。高宗使两广总督孙士毅为之出师。败阮氏之兵于富
良江，入东京。再立黎维祁为王。旋复为文惠所袭败。文惠亦请
和，高宗遂因而封之。

第三章 清之盛衰

第一节 清之初盛

清太祖时,诸子侄多握重兵。太祖之死,代善、阿敏、莽古尔泰及太宗,号称四贝勒,代善,太祖次子。莽古尔泰,太祖第五子。阿敏,太祖弟舒尔哈齐之子。参看《清朝全史》第十五章。同受朝拜。后乃专归于太宗。太宗于诸弟中,最宠多尔衮。世祖之立,多尔衮与济尔哈朗同摄政。及入关,乃黜济尔哈朗,而自以其弟多铎为辅政王。威权尽归其手。及卒,世祖乃亲政。世祖颇聪明,然在位不久。世祖崩,圣祖立,方九岁,辅政大臣鳌拜专权。圣祖立八年,乃囚之。圣祖为清代贤主,极能留心政治。清代一切建设,皆至此而大定。时汉族恢复之念,犹未尽忘。圣祖乃开博学鸿词科,网罗遗逸之士,以收拾人心。又大兴文字之狱以立威。雍、乾二朝,皆祖述其策。

明季加派极多。清初入关,即悉除之。定《赋役全书》,征收一以万历中叶以前为准。是时宫府用度,皆极节俭。故及前二○三年(西元一七○九),国库余蓄,已达五千万。乃下诏,每三年普免天下钱粮一周。旋定滋生人丁永不加赋之例。时内外官吏,亏空颇甚,世宗立,乃派员严查。又整理盐课、关税,剔除火耗陋规。收入骤增,遂以成雍、乾两朝之国富。圣祖又留心学术,尝令西教士测绘全国舆图,并留意于其天文、历算、制造之学。康、雍、乾三朝,敕撰书籍极多。乾隆时之《四库全书》,尤称近代之大观焉。

圣祖凡二十三子。初立嫡长子允礽为太子,后以狂易废。庶长子允禔、第八子允禩、第九子允禟、第十四子允禵,皆觊觎储位颇甚。后谓太子狂易,由诸人厌魅所致,复立之。然卒以狂易复废,遂不复立嗣。临崩,密书"皇第四子"四字于隆科多掌中而立世宗。或曰:圣祖所书,实皇十四子,世宗迫隆科多拭去十字也。世宗既立,允禔、允禩皆削籍。隆科多后亦拘禁。允禵在西陲,与年羹尧共事最久,羹尧亦因之获罪焉。清初诸王,权势颇重,及是乃撤下五旗佐领,禁诸王不得与外官交通,威权一归于上矣。

第二节　清 之 渐 衰

清之国运,至高宗时而臻极盛;然其衰机亦肇于此时。盖清以异族入主中原,君臣之间,本不能无猜忌,而康、雍、乾三朝,又皆好以明察驭下。遂至群下竞求苟免,无复侃侃立朝之风。高宗性侈靡,好虚饰。在位时,历次南巡,供帐不可胜计。中岁后任和珅,好贿为古今所无,内外官吏,不得不剥民以奉之。赃吏之多,遂亦为古今罕觏。

清自太宗时,即以保存旧俗为务。入关后,旗兵给饷,倍于绿营。并禁旗人经商及读书应试。又封锁满、蒙,不许汉人移殖。然旗人自入关后,浸失其强悍之风,而又不能从事于生产,亦与金代之女真人同。三藩之变,旗兵已不足用。迨川、楚教匪起,则并绿营亦不可恃,而清代所恃以自立之武力亦衰矣。

第三节　嘉庆时之内乱

前一一六年(西元一七九六),高宗传位于仁宗,自为太上皇。先是铜仁、永绥等处苗乱,官军剿之,调兵数省,转输数十万,尚未尽平。而白莲教匪,又起于湖北。窜扰河南、陕西、四川等省。官军既怯懦,而诸将又不得不克饷以奉和珅。吏缘为奸,军纪大坏。每战,辄以乡勇居前。胜则攘其功,败则赠恤无所及。贼亦效之,以难民居前。即败衄,真贼亦所伤无多。前一一三年(西元一七九九),太上皇崩,和珅伏诛。乃下哀痛之诏,惩肇祸官吏,优恤乡勇,严核军需;又行坚壁清野之法,任名将额勒登保、杨遇春等,往来剿杀,而事乃有转机。及前一一○年(西元一八○二)十二月,报肃清。而遣散乡勇之无家可归者,复匿山林中为患。又二岁,乃告大定焉。

同时东南又有艇盗之乱。艇盗者,安南、新阮得国,财用匮乏,乃资沿海亡命以船械,令入海劫掠商舶。中国土盗附之,患遂中于闽、浙、粤三省。朝廷方患教匪,不暇顾及东南,其势益炽。前一一○年(西元一八○二),旧阮复国,禁绝海盗,匪势始衰。于是群盗皆并于闽盗蔡牵。浙抚阮元,命提督李长庚造大船入海剿之。累战皆胜。后长庚中炮阵亡,其部将邱良功、王得禄继平之。

仁宗初年,中原之多故如此,而前九九年(西元一八一三),直隶、山东、河南,又有天理教徒之变。及宣宗即位,回疆又有张格尔之变。虽皆剿平之,然朝廷之威力,浸以失坠,人心岌岌动摇;而西力东渐之局,又相迫而来。于是外有五口通商之役,内有洪杨、回、捻之乱。而清之国势,遂日以陵夷矣。

第四章　元明清之政治制度及社会情形

第一节　官　　制

　　元、明、清三朝官制，事亦相因。元以中书省为相职，枢密院掌兵柄，御史台主纠察，庶政分隶于六部。而宣政院列于中央，以摄治吐蕃，亦颇似清之理藩院。明太祖废宰相，权归六部。其后实权乃入殿阁学士之手。清初亦以内阁为政治之枢机。关于军事，则由议政王大臣议奏。世宗时特设军机处，而内阁之实权遂渐移。理藩院虽不名为部，而其官制与六部同。吏、户、兵、刑四部，尚、侍之上，又有管理事务大臣。都察院之权，至明代而特重。除纠察常职外，巡按、清军、提督学校、巡盐、巡漕诸务，一以委之。其职司军务者，则加总督、巡抚等衔。清代则右都御史，恒由总督任之。右副都御史，恒以巡抚任之。巡抚，本抚民之官，然其后亦恒主兵。清代总督，皆兼兵部尚书、右都御史、提督军务之衔。巡抚皆兼兵部侍郎提督军务兼理粮饷之衔。其无总督省分，巡抚皆兼提督，如山东、山西、河南三省是也。有总督而不驻本省者亦然，如江西、安徽是也。贵州巡抚，别有节制军马之衔。此内官制变迁之大略也。

　　外官则元沿宋路、府、州、县之区域，而于其上特设行省。明改设布政、按察两司，区域则仍元之旧。布政司之参政、参议，按察司之副使、佥事，皆分守各道。清代总督、巡抚，亦变为常设之官。于是合之州县，几成为五级制焉。

元代各官署长官，必以蒙古人为之，而以汉人、南人为贰。清则"满"、"汉"、"内务府包衣"、"蒙古"、"汉军"，各有定缺。

第二节　学　校　选　举

元初袭用畏兀字，其后乃别制新字。故其设学，国子学外，又有蒙古国子学、回回国子学。国子学中，亦以蒙古、色目人、汉人，分占其额。（蒙古、色目、汉人，出身递降一等，学校科举皆同。）世祖于兴学颇热心。国子学外，凡路、府、州、县皆有"学"及蒙古字学。路设"阴阳学"、"医学"。又于各行省设提举学校官，然颇有名无实。其科举，则世祖拟行而未果。至仁宗时，乃行焉。亦分蒙古、色目及汉人、南人为二榜。

明太祖极重荐举及学校。初设国子学时，待其生徒极优。特创"历事"之制，俾练习政治。尝一年中，擢国子生六十四人为布、按两司官，此外为大吏者无算。一再传后，乃至科举日重，而学校及荐举日轻云。

学校、科举，在前世本为两事，而其后渐并为一途。此风至明而极。于是学校专为"储才以待科举"之地矣。明制，郡县及京师皆有学。郡县之学，初由巡按试之，后乃专设提举学校官。国子生及府、州、县学生，中式于乡试者，谓之"举人"。举人中式于礼部，又加以殿试，是为"进士"，分三甲。一甲三人，赐进士及第。第一人授职修撰，第二、三人授职编修。二甲若干人，赐进士出身。三甲若干人，赐同进士出身。皆得考选庶吉士。庶吉士为国家储才之地，初不限于进士。明中叶以后，非进士不入翰林，非翰林不入内阁云。

至其所试之文,则偏重经义。而其经义,体用排偶,代古人语气为之,谓之"八股"。为明太祖及刘基所创云。

第三节　兵　　制

元代兵制,极为复杂。其出于本部族者曰"蒙古军"。(其法:男子年十五以上,七十以下皆从军。孩幼稍长,则籍之,称"渐丁军"。)出于诸部族者曰"探马赤军"。既定中原,发民为兵,曰"汉军"。其统兵之官,则以兵数之多少,为爵秩之崇卑。曰万户,曰千户,曰百户,皆世官。天下既定,则兵皆有一定之籍。河洛、山东,以蒙古军、探马赤军分成之。江南之平,亦有分成之兵。其兵籍,惟枢密院中长官一二人知之。故有国百年,汉人无知其兵数者。

明代兵制,远规唐之府兵,实亦袭元万户分屯之制。其制:以五千六百人为"卫",千一百十二人为"千户所",百十二人为"百户所"。每所设"总旗"二,"小旗"十人。其取兵之途有二:一曰"从征",二曰"归附"。此外又取之"谪发"。凡诸卫皆隶于五军都督府。征伐则命将充总兵官,调卫所兵领之。师旋,则将上所佩印,兵士各归卫所。卫所而外,各地方有乡兵,边郡有土兵,大抵用以保卫地方,征调之时甚罕。

清制编兵,起于佐领。每佐领三百人。五佐领设一参领,五参领设都统一。其后得蒙古、汉人。皆以是编制之,是为"八旗兵"。其兵皆世袭。世祖入关后,令八旗兵分防各地。于是八旗有"禁旅"、"驻防"之分。入关后所得汉军,皆以绿旗为帜,故称"绿营"。乾、嘉以前,出征多用八旗,内乱则多用绿营。川、楚教匪之役,绿营、旗兵,举不足恃,乃用乡勇以剿匪,于是有"勇营"。后来之"湘、淮军",亦皆勇营也。

古代之炮，多系以机发石。元初得西域火炮，攻蔡州始用之，然造法不传。明成祖平交阯，得其枪炮，始设"神机营"肄习。武宗末，白沙巡检何儒，得"佛郎机炮"。前三八三年（西元一五二九），始自造之。后又得红夷大炮。毅宗时，徐光启令西洋人造之，分发各镇。时清人甚惮明之大炮。然至前二八一年（西元一六三一），清人亦自能仿造焉。《清朝全史》第十四章。

第四节　法　　律

我国法律，自唐以后，其内容，几于历代相沿。然以其积久故，不甚适用。于是在宋代，则舍律而用"敕"。明、清两代，则虽有律而实断于"例"，其趋势一也。在唐代，《律》为刑法，而《六典》则颇具行政法典之观，已见前。宋代法律，初称"律"、"令"、"格"、"式"，神宗改之曰"敕"、"令"、"格"、"式"，盖行政法规及刑法，亦皆兼具于其中。明仿唐《六典》而修《会典》，仿《唐律》而修《大明律》。前四一二年（西元一五〇〇）以后，律乃与"例"并行。清又沿明制，而修《会典》及《律例》焉。

自辽、金、元、清，相继入据中原以来，在法律上，其本族人与汉人，颇不平等。辽太祖时，治契丹及诸夷，皆用旧法，汉人则断以律令。太宗时，治渤海人亦依汉法。道宗时，始以国法不可异施，命更定《律令》，其不合者别存之。金至太宗时，始参用辽、宋书法。熙宗复取河南，刑法乃一依《律》文。元则除本族人与汉人不平等外，宗教徒与非宗教徒，亦用法不同，如"僧道儒人有争，止令三家所掌会问"，"僧人惟犯奸盗诈伪，至伤人命，及诸重罪，有司归问。其僧俗相争则田土，与有司会问"。"蒙古人殴死汉人"者，不过"断罚出征"及"征烧埋银"是也。《元志·职制上》及《杀伤》。清代则"宗室"、"觉

罗"及旗人,皆有换刑。凡笞杖,宗室、觉罗罚养赡银,旗人鞭责;徒
流,宗室、觉罗板责圈禁,旗人枷号;死罪,宗室、觉罗皆赐自尽。凡
宗室、觉罗犯罪,由宗人府会同户、刑部审问。八旗包衣,由内务府
审问。徒以上刑咨刑部。旗人:在京,由都统;在外,由将军、都统、
副都统审问。在京者徒以上咨刑部,在外者流以上申请。盛京旗人
狱讼,皆由户、刑二部审讯。徒流以上由盛京将军、各部府尹会同
决之。

第五节　租　税　上

　　元代取民之制,行于内地者曰"地税"、"丁税",仿唐之租庸调。
行于江南者曰秋税、夏税,仿唐之两税也。役称"科差",有"丝料"、
"包银"二种。丝料之中,又有"二户丝"、"五户丝"。二户丝输官,五
户丝输于本位。元诸王、后妃、公主、勋臣,各有采地。其地之民,每五户出丝
一斤,由有司征收,如数给之。包银之法,汉人纳银四两,二两输银,二两
折收丝绢颜色。此外又有"俸钞"之科。合应科之数作"六门摊",分
三限征之。
　　明初赋役之制,颇为详明。其法,亦按田以征税,据人户、物力
以定役。有黄册以详人户、物力,有鱼鳞册以详土田及其属于何人。
故按黄册,则可以定赋役;按鱼鳞册,则可以定土田之讼。其后二册
皆失修,惟有据以征赋之赋役册。其中独以田从户,而又未必得实,
而赋役之法遂坏。役法初以百十户为里,里分十甲,推丁多者十人
为甲长。分户为上、中、下三等以应役。其役则有"银差",有"力
差"。中叶以后,名目繁多,谓之"加派"。民不堪命,乃创"一条鞭"
法,总计一州县之赋役,量地计丁,丁粮毕输;一岁之役,官为签募。
则两税与役法,复并为一,不啻加赋而免其役矣。然对于田赋,末年

又任意增加。所谓"三饷"者，总数至一六七〇〇〇〇万。

　　清代仍用一条鞭法，地税丁赋，合而征之。前一九九年(西元一七一三)，诏嗣后新增人口，号为"盛世滋生人丁永不加赋"。丁税征收，以前二〇〇年(西元一七一二)之数为准。乾隆时，遂并丁银于地粮焉。

　　自宋室南渡，贵势之家，竞肆并兼，浙西田租遂独重。明太祖下浙西，恶其民为张士诚守。乃籍富民之田，尽以私租额为官税。浙西田赋之重，遂甲全国。

　　明初征赋，尚以实物为主，银不过"折色"之一。英宗时，田赋始有折征银者。其后推行日广。至清代，则除有漕粮之处尚征本色外，无不征银者矣。

第六节　租　税　下

　　田赋而外，仍以盐、茶两税及商税为大宗。行盐以"引"，引之行销，各有一定之地。明初尝以盐"中"边粮茶易西番马。后皆变为征银。引盐之制，国家售盐于大商，而由大商分售之于人民，本有保护商人专利之嫌。且初定引地之时，必按照其地户口之多寡，以定盐额。并根据运输之路，以定某处当食某处之盐。制定之后，此二者皆不能无变更，而盐额及引地如故；于是非病商，即病民，而私盐乃乘之而盛矣。

　　商税及各种杂税，税目、税额，皆不甚统一。在元代总称为"额外课"。明代有都税所、宣课司、抽分场局、河泊所等机关。(大抵都税所、宣课司税商货，抽分场局税竹木柴薪，河泊所收鱼课。)清代杂税，多由地方官征收。惟牙税领之户部，契税属于布政司，遍于全国。

明宣宗时,因钞法不通,尝增加税额,并新设税目,以收钞。其中船钞一项,后遂变为钞关。清代因之,遂为重要之税源。对外则元、明两代,皆有市舶司。元代或收其税,或用抽分之法。亦有时官选人入番贸易,得利后定以若干归官。明代市舶司之设,寓有限制及管理之意,凡外国商舶来者,必称朝贡,乃许其兼营贸易,仍由市舶司监督之。盖惩于海寇,故立此法也。清康熙时,于宁波、福州、上海、广东,设四税关,委商人经理,取税殊苛,外人苦之,屡求减免,不能得,遂为五口通商之役之一原因。

第七节　学　　术

有明大儒王守仁倡知行合一论,学者称阳明先生,生徒极盛。然其弊也,颇流于空疏。于是矫之之"汉学"兴。其学大抵宗尚汉儒,故有"汉学"之称。

汉学亦有数变。其始也,明末诸大儒,如顾炎武辈,病宋学之空疏,而反求之于古。其学以求是为归,大抵汉、宋兼采。迨阎若璩、惠栋、戴震等出,力攻东晋人所伪造之古文经。而于东汉许、郑之学,大有所得。乃专宗尚汉儒,此一变也。迨武进庄存与、刘逢禄等出,则又以东汉人所治之古文经为不可信,而肆力于西汉经师之所传。此又一变也。要之,愈研究而愈精,愈考求而古代学术事物之真相乃愈显。且其为学也,专注重于客观之事物,而不偏重主观,颇有科学的研究之精神焉。

汉学之中心点,在于经学。治经必通训诂,故小学极盛。又因此而旁及诸子,下及史籍,并推之天文、历算等学。其为学,最重考据,故其读书,必求善本,必求真本,长于"校勘",勤于"辑佚"。古书之散佚讹谬,经其整理,而复可读者甚多。

第八节　近代社会之阶级

中国近代,迭为辽、金、元、清等所征服;又屡遭兵乱,暴政亟行。故其社会上,颇有阶级之存。种族上之不平等,已略见前数节。至其无关于种族者,则如辽时有二税户。以辽人信佛极笃,每以民户赐僧寺,其田租一半输官一半输寺,故有此名。至金代,乃渐免之。元时,汉人、南人,多为俘虏以入奴籍。明中叶后,暴政甚多。人民往往自鬻其身家财产,以托庇于豪强,谓之"投大户"。参看《饮冰室丛著·中国专制政体进化史》第四章。此等人民,致清代,犹多不齿于齐民者。至清世宗,乃毅然除之。其时山西、陕西之乐籍,浙江绍兴之惰民,安徽徽州之伴档,宁国之世仆,江苏常熟、昭文之丐户,及江浙、福建之棚民,均获除籍。明代地方士绅,权力极重。至雍、乾后亦渐平。在清代,惟鬻身为奴,及为倡优,执州县皂隶之役者,谓之"身家不清白",不得与齐民齿而已。

第九节　蒙古及满洲之文化

蒙古文化本浅,然其人极勇悍。又能勤事畜牧,虽男子远征,妇人当家,仍能纳税。见桑原骘藏《东洋史要》下卷第三篇第三章。故其初起,兵力横绝一时。以其本无所有故,极易受物质之眩惑。故终元之世,最重工商。获俘虏,工匠必别籍之。太宗时,商人售物于朝廷,至得驰驿。世祖定制,户、工二部,设官独详。又以本无所有故,视他族一切学术文化,皆平等。释、道与儒教并重,回字与汉字并行,亦非汉人思想所及也。

蒙古初无文字,成吉思汗破乃蛮,获塔塔统阿,乃使教太子诸王，"以畏兀字书国言"。世祖命八思巴造新字，于前六四二年（西元一二七〇）颁行之。玺书颁降，皆以蒙古字书之，而以其本国字为副。百官进上表章，则以汉字为副。有沿用畏兀字者罚之。

宗教初亦信巫，《元史·文宗纪》：天顺二年二月，尝封蒙古巫者所奉神。后乃极崇喇嘛。喇嘛教之由来，据《蒙古源流考》谓自印度僧徒巴特玛撒巴斡之入藏始，其事约在唐中叶后，盖佛教中之"密宗"也。

清代初兴之时，女真人已经金、元以来之开化，故其程度，较金人初起时稍高。前三一三年（西元一五九九），太祖即命额尔德尼巴克什等，以蒙古字为根据，创造满文。太宗时，达海又加以圈点。当时已知保存档案、编纂实录、翻译汉籍矣。其风俗，仍极纯朴而尚武。宗教则仍崇信萨满云。参看《清朝全史》第八、十八章。

第九编　最近世史上

第一章　西力之东渐

第一节　通商传教之始

蒙古盛时，地跨欧、亚、两洲之交通颇繁。元末，土耳其兴，黑海航路为其所据，赴东洋者须别觅新航路。于是葡萄牙人越好望角而至印度，西班牙人绕西半球而至南洋。英、荷诸国继之，各于印度及南洋群岛，获有根据地。而葡萄牙人，以前三五五年（西元一五五七）得居留于广东之澳门。案是时葡人岁纳地租，迄前六三年（西元一八四九）以前，皆完纳于香山县。前六二年（西元一八五〇）以后，始不纳租，且要求永远居住及管理之权，迄未之许。前二五年（西元一八八七），与订通商条约。第二款，许葡人永远居住管理澳门。第三款，非经吾国允许，葡国不得将澳门让与他国。而澳门遂为葡所割据。英、荷诸国，则仅以商船来贸易而已。葡人既租澳门，遂于其地设官、置守备，中国不问也。前二二七年（西元一六八五），葡人在印度与英人战而败，许英船出入澳门。而澳门之葡人炮击之。英船还击，占其炮台。葡人乃言于广东大吏，许英人通商。荷人至东洋，后于葡而较葡为强。葡人所据南洋群岛，悉为所夺。前二九〇年（西元一六二二），进攻澳门。中国兵助葡人击退之。荷人退据台湾。后复为郑氏所夺。清之攻郑氏，荷兰尝助之，前二五六年（西元一六五六），许其以船四艘，每八年来贸易一次。

清圣祖时尝开海禁，外国商舶多集于舟山及广州。后闭舟山，令专在广东贸易。时官吏征税颇苛，又与外人隔绝。外国商人，不能直接与人民贸易,必售其物于官许之洋行,洋行取回用又苛。英人苦之。前一二〇年(西元一七九二),遣大使马甘尼来,求改良通商章程。时直清高宗八旬万寿,待之颇优,赐英王敕谕,于其所请者,悉加驳斥。前一〇七及九六年(西元一八〇五、一八一六),英国再遣使来,亦不得要领。参看《清朝全史》第五十三、五十四、五十五章。

　　基督教当唐时已传至中国,谓之"景教"。元时,其教称也里可温,传布尤盛。参看《东方杂志》第十七卷《也里可温考》。元末中绝。航路既通,教徒亦复东来。前三一二年(西元一六〇〇),利玛窦始入京师。朝臣如徐光启、李之藻等,颇从其人学天文历算之学。明末,因与满洲交战,颇用其人以制巨炮。又以历法疏舛,用汤若望为钦天监官,清初仍居其职。后为杨光先所排,圣祖亲政,复用之。又尝命其人测量地图,佐理外交事务。时西人之传教者,认中国人之祭祀祖先,为一种交际仪式,不之禁。教徒诉之罗马教皇。前二一一年(西元一七〇一),教皇使至中国禁之。圣祖怒,命葡人幽之澳门。参看《清朝全史》第三十七、三十八章。雍、乾两朝,教徒非有事于朝者,不得留居中国。然其徒往来自若。迨川、楚教匪乱后,始畏恶异教,而其禁遂严。

第二节　清初与俄人之交涉

　　俄人初为蒙古所征服。前四五〇年(西元一四六二)顷,始脱蒙古羁绊而独立。于是可萨克族附俄,为之东略。次第建城于西伯利亚境,进略黑龙江沿岸。前二六一年(西元一六五一),遂筑雅克萨城,屡掠沿岸诸民族。前二五四年(西元一六五八),宁古塔都统沙尔呼达击破之。俄人奔还尼布楚。后复据雅克萨。

　　时俄人来求互市,中国要以交还逃酋罕帖木儿。据石勒喀河来奔,怨中国遇之薄,复奔俄。俄人不可,议遂不成。圣祖既平三藩,乃从事备战。前二二七年(西元一六八五),遣都统彭春毁雅克萨。俄人旋又筑垒其地。明年,黑龙江将军萨布素再围之,垂陷,会圣祖介荷兰致书于俄,谓定边界,俄人许之,且请先释雅克萨之围,乃罢兵。

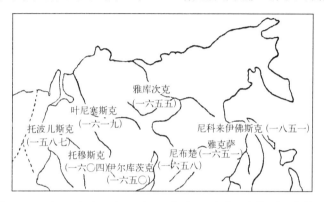

前二二三年(西元一六八九),内大臣索额图等,与俄使费耀多罗会于尼布楚,圣祖翼以兵力,又得天主教士张诚等,尽力为中国折冲。遂定东以外兴安岭,西以额尔古讷河为界。许俄人至北京贸易。前二一九年(西元一六九三),俄使来,定通商条约。许三年一至北京,人数以二百,居留以八十日为限。且得免税。

前一八五年(西元一七二七),复与俄定《恰克图条约》。额尔古讷至齐克达奇兰,以楚库河为界。自此以西,以博木沙奈岭为界。乌得河地方,彼此共有。并许立馆京师,以便俄人来者居住。

前一七五年(西元一七三七),停北京贸易,并于恰克图。嗣是恰克图贸易益盛。每遇交涉棘手,则停贸易以挟制之。高宗一朝,先后停市者数次焉。前一四八年(西元一七六四),以俄人违约收税;边民失马,又以少报多,移文索偿,停止贸易。前一四四年(西元一七六八)乃复。前一三三年(西元一七七九),以俄疆吏庇护罪人,不即会审,停一年余。前一二七年(西元一七八五),以俄属人入边劫掠,又停市。至一二〇年(西元一七九二)乃开。

第二章　五口通商及咸丰庚申之役

第一节　五 口 通 商

鸦片输入,确实年代不可考,大约在前明中叶。前一八三年(西元一七二九),已有吸食之禁。然时输入者尚不多。及前一二〇年(西元一七九二)顷,英国东印度公司,得垄断中国贸易特权,而输入遂激增。内地吸者日多,海口漏银亦岁甚。前七四年(西元一八三八),清宣宗乃派林则徐至广东查办。

先是东印度公司独占期限,至前七八年(西元一八三四)而满。英人派律劳卑、鲁宾孙为贸易监督官。皆与广东大吏龃龉。乃废贸易监督官,而派甲必丹义律为领事。参看《清朝全史》第五十七章。前

民国纪元前年数	鸦片输入箱数
前一八三(一七二九)	三〇〇
前九六(一八一六)	三二一〇
前九二(一八二〇)	四七七〇
前八七(一八二五)	九六二一
前八二(一八三〇)	一八七五〇
前七六(一八三六)	二七一一一

七三年(西元一八三九),则徐迫英人交出鸦片二〇二六三箱(每箱一二〇斤),焚之。令具"夹带鸦片,船货入官,人即正法"之结,则仍许贸易。义律不可。已而允"船货充公",惟请删"人即正法"一语。则徐持不许。明年,英议会协赞用兵,遂发兵攻澳门。则徐御之,焚

其杉板二。英人转攻厦门，陷定海。

时疆吏畏生事，多不悦则徐，相与造蜚语闻于上。廷意中变。命伊里布赴浙，访致寇之由。并谕沿海督抚，英人投书，许即收受。英将伯麦，乃如天津，投英相致中国首相书。朝命还广东，听候查办。伯麦乃返舟山，与伊里布定休战之约。时则徐已补粤督，朝命革其职，以琦善代之。

琦善至广州，尽撤守备。伯麦有疾，义律代之谈判。琦善允偿英"烟价"七百万。义律见其易与，复求割让香港。琦善不敢许。英遽进兵，陷沙角、下角两炮台。琦善不得已，与定草约，许割香港，英乃缴还炮台。

朝廷闻英进兵，大怒。革琦善职，以奕山为扬威将军，赴粤进讨。命江督裕谦，赴浙视师。会英亦撤回义律，代以璞鼎查。义律乘奕山未至，攻陷横当、虎门诸炮台。奕山至，攻英人，不克。而英璞鼎查亦至。转攻厦门，北陷舟山。遂陷宁波。裕谦败死。英兵入吴淞，陷上海。沿江西上，陷镇江，薄江宁。朝廷不得已，派耆英、伊里布至江宁，与英议和。

> 偿英"军费"一二〇〇万，商欠三〇〇万，烟价六〇〇万两。
>
> 开广州、厦门、福州、宁波、上海五口通商。
>
> 割让香港。
>
> 两国文书往来，皆用平行格式。

而于"烟禁"则一字不提。明年，复与英定续约七条。于通商口岸，指定房屋地面，以备英人居住。是为我国有"租界"之始。

自英约定后，法、美二国，亦相继与我订通商条约焉。

第二节　咸丰庚申之役

五口通商以后，四口皆已建筑领事馆。而粤民自起团练，不许英人入城。时耆英督粤,知粤人不易与,乃与英人订舟山不割让他国之约。而将入城之事,延缓两年。于是耆英急谋内用,徐广缙代为总督,叶名琛为巡抚。前六三年(西元一八四九),英人以入城期届,以兵舰驶入粤河。两岸团勇,呼声震天,英人惧,乃与广缙另订《广东通商专约》,以不入城列入约中。事闻,朝议大奖之。前六〇年(西元一八五二),广缙去,名琛代为总督。前五六年(西元一八五六),有华船在英登记已期满者,拽英旗装载海盗。华兵捕之,毁其旗。英领事巴夏礼,遽发最后通牒致名琛。名琛不应。英人遂发兵陷广州。然未奉其政府命令也。兵退,粤民焚英、法、美商馆,巴夏礼遂驰书本国请战。

时广西亦杀法教士,法人交涉,未得要领。明年,英、法联兵陷广州,虏名琛去。时俄、美亦欲改订商约,乃各派使臣,至上海。致书中国首相,要求派全权至上海会议。朝命以英、法、美事委广东总督。俄事委黑龙江将军。四国使臣不听,联翩北上。英、法兵遂陷大沽。朝廷不得已,派桂良、花沙纳为全权,与英、法各定条约。

　　偿英军费、商亏各二百万(法半之)。

　　开牛庄、登州、台湾、潮州、琼州为通商港。(法约为琼州、潮州、台湾淡水、登州、江宁;江宁俟洪、杨平后开港。)洪、杨平后,汉口至上海,沿江任择三港(后开汉口、九江、镇江)。

　　派员协定税则(此后十年一改)。

　　英民犯罪,由英领事审判。与华人争讼,则由领事与地方官会审。

　　彼此互派公使。

　　允人民携互照,游历内地。

俄亦得于五口及台湾通商。又俄、法二约,皆允其人至内地传教。以后与他国订约，均得一体享受。是为《天津条约》。约以明年夏间交换。

及期，英、法使至，僧格林沁方设防大沽，命改由北塘入。英、法不听。僧格林沁击败之。二使皆走上海。朝议遽命废约重议。明年，英、法兵自北塘入，陷大沽。僧格林沁退守通州。朝廷不得已，再派桂良、恒福前往议和。迁延未即决，英兵进逼北京。朝命怡亲王载垣往使，与巴夏礼会于通州。或告巴夏礼衷甲将袭我。载垣以告僧格林沁，僧遽发兵捕巴夏礼。英、法再进，战于张家湾，僧军败绩。八月，文宗奔热河。恭亲王奕䜣留守。英、法兵入京师，法人焚圆明园。旋以俄使调停，成和。更开天津为通商口岸。（英、法二约皆同。）割九龙半岛于英。赔款改为八百万两。法约则许教士于各省租买田地，建造房屋焉。

第三节　东 北 之 失 地

《尼布楚条约》之立，俄人在东方实力未充。我国又以兵力为交涉之后盾，故颇获胜利。迨尼古拉一世立，前八七至五七年（西元一八二五至一八五五）。任木喇福岳福为东部西伯利亚总督，复开侵略东北之端。

时俄人始勘知库页为岛，航行黑龙江之心愈切。库页为岛，则航黑龙江者，必经鄂霍次克海；而鄂霍次克海，冰期甚长。遂定以尼哥来伊佛斯克为军港。前五七年（西元一八五五），亚历山大二世立。始设沿海州，几尽占黑龙江左岸之地。前五四年（西元一八五八），以木喇福岳福为大使，与黑龙江将军奕山，订约于瑷珲，遂尽割黑龙江北之地，而以乌苏里江以东，归两国共管。黑龙江、松花江、乌苏里江，两国均得通航。英、法和议之成，俄使伊格那提业福，居间调停有功。

前五二年(西元一八六〇),复于北京订立条约,割乌苏里江以东之地。库伦、张家口,皆许俄人贸易;库伦并得设领事。伊犁、塔尔巴哈台两处前六一年(西元一八五一),奕山为伊犁将军时,许其试行贸易。及是,喀什噶尔,亦援例许之。

第三章　咸同时之内乱

第一节　太平天国

西力之东渐，广东与之接触最早，故其内乱，亦有窃取西教之说，以资煽动者。洪秀全，花县人。尝窃取基督教旨，自创一教，曰"上帝教"，而名其教会曰"三点"。广西下流社会，信之者颇多。前六五、六四年（西元一八四七至一八四八），广东、西大饥，盗起，乡民设团练信自卫。遂与上帝教中人龃龉。教徒亦团结以相抗。前六二年（西元一八五〇）六月，秀全遂起事于桂平之金田村。

清命向荣讨之，不克。前六一年（西元一八五一）八月，秀全陷永安。建号曰太平天国，自称天王。<small>杨秀清为东王，萧朝贵为西王，冯云山为南王，韦昌辉为北王，石达开为翼王，是为五王。</small>明年，溃围入湖南，陷岳州，遂陷武昌、汉阳。沿江东下。又明年，陷江宁。

向荣以兵蹑之，营于江宁城外，是为"江南大营"。琦善亦以兵驻扬州，是为"江北大营"。秀全殊不之忌，分军一北出安徽、河南，自山西入直隶；<small>后在静海，为清军所灭。</small>一溯江西上，再陷武昌。

时曾国藩办团练于长沙，并练水师。前五八年（西元一八五四），会荆州兵克武汉，进复九江。洪军亦陷武昌，并尽陷江西诸州县。旋武昌为胡林翼所复。国藩转战，至前五六年（西元一八五六),尽定江西。江南大营亦溃而复振。时向荣已死,张国梁代将其军。秀全又与其始起诸王,互相屠杀。秀全使韦昌辉杀杨秀清,秀全又杀昌辉。及前五五年(西元一八五七),洪军惟据安庆、江宁相掎角而已。

于是胡林翼命李续宾以陆军攻皖北,别遣水师攻安庆。续宾与陈玉成战于三河集,败死。湘军精锐歼焉,水军亦撤退。未几,洪军又破江南大营,陷苏、常。

清乃以曾国藩督两江。国藩会林翼,克安庆。命左宗棠、鲍超攻江西;多隆阿攻安庆以北;弟国荃,沿江深入,围江宁。时李秀成主太平军事。分兵攻浙江、江西,以图牵制。清乃以左宗棠抚浙、沈葆桢抚赣,使李鸿章募淮军,以复苏松。前五〇年(西元一八六二)八月,江宁大疫。秀成等猛攻国荃军,凡四十八日,卒不克。明年一月,围合。六月,城陷。秀全先仰药死。其子福瑱走江西被擒。余党走福建、广东者亦皆定。石达开先别为一军入蜀,亦平。

第二节 捻 匪 及 回 乱

捻匪,本山东游民,相集为盗,横行山东、河南、安徽间。清命僧格林沁剿之,匪势少衰。太平天国亡,余党多合于捻,遂复炽,僧格林沁败死。

前四七年(西元一八六五),清命曾国藩剿之。国藩以淮军赴之。练马队,设黄河水师,创圈制之法。于是匪分为二:一入陕西,一入山东。国藩去,李鸿章、左宗棠继之。前四五年(西元一八六七),鸿章平东捻。西捻复入直隶。宗棠踵之,鸿章亦与合围。至前四九年(西元一八六三),乃歼之运河、马颊河之间。然自淮以北,凋敝不堪矣。

回族杂在内地,始于唐而盛于元。以宗教不同故,与汉族颇不相能。官吏多袒汉抑回。迨激变,则以招抚为名,而实则为所挟制。汉、回相猜,民怨其上,非一日矣。太平军之起,云南回人,亦群起唱乱。其徒杜文秀据大理,马连升据曲靖,马德升据省城。挟巡抚徐之铭为傀儡,之铭亦挟回以自重。前五六年(西元一八五六),岑毓英入滇,抚用回酋马如龙。至前四〇年(西元一八七二)乃定之。而陕、甘回乱转扩大。

先是陕西募回勇设防。捻匪入,回勇皆溃,劫掠汉人。汉人御之,回人遂聚众与汉相仇。适云南叛回有入陕者,遂唱之为乱。甘回亦群起应之。左宗棠既平捻匪,乃移军往剿。前四三年(西元一八六九),肃清陕西,进图甘肃。前四一年(西元一八七一),河东平。越二年,河西亦定。回酋白彦虎等走出关。

第三节　帕夏据新疆及中俄伊犁交涉

陕回之叛也,遣其徒四出招诱。于是回酋妥得璘据乌鲁木齐。汉民徐学功,起兵击败之。而张格尔子和卓布苏格,借敖罕兵,入据喀什噶尔。前四五年(西元一八六七),其将阿古柏帕夏,废而代之,尽有南路八城。妥得璘死,帕夏又据其地。徐学功战,不胜,内附。

帕夏介徐学功通朝廷,求封册。又通使英、俄、土耳其。英、俄亦为之请。朝议以用兵繁费,多请许之。左宗棠不可。前三七年(西元一八七五),以宗棠督办新疆军务。明年,宗棠尽定天山北路。又明年,进克土(吐)鲁番。帕夏仰药死。子伯克胡里与白彦虎退守喀什噶尔,宗棠又进平之。

俄人于道光时,服哈萨克。于是布鲁特及吉利吉思,皆仰俄保护。前四四年(西元一八六八),灭布哈尔。前三九年(西元一八七三),灭基华。前三六年(西元一八七六),又灭敖罕。其势力遂直逼新疆。前四一年（西元一八七一），俄人据伊犁。声言为我代守，事平即交还。及是，我遣崇厚使俄。为俄所胁，许偿俄兵费二百八十万卢布，而仅归我伊犁空城。朝臣交章劾之。乃召还，代以曾纪泽。时中、俄彼此备战，形势甚急。后乃互让步，俄人以伊犁归我，而我加偿款为九百万卢布。许俄于天山南北路，无税通商。肃州（嘉峪关）、吐鲁番，皆设领事焉。

第四章　同光后之朝局及外患

第一节　咸同光间之朝局

文宗初立,求直言,通民隐,颇有图治之心。后睹天下大乱,遂纵情声色。载垣、端华、肃顺乘之,窃据威福,屡兴大狱。前五一年(西元一八六一),文宗崩于热河。穆宗立,方六岁。载垣、端华、肃顺矫遗诏辅政。尊文宗后钮祜禄氏为母后皇太后(是为东太后,谥孝贞);穆宗生母懿贵妃那拉氏为圣母皇太后(是为西太后,谥孝钦)。恭亲王奕䜣诣热河,两后与密定回銮之策。杀载垣、端华、肃顺。二后同垂帘,以奕䜣为议政大臣。时朝廷颇能推心任用汉人,用克削平大难,号为"中兴"。

前三九年(西元一八七三),穆宗亲政。孝贞性柔懦,虽同垂帘,而实权皆操于孝钦。孝钦与穆宗后不睦,禁不与同起居。穆宗郁郁,遂好微行,成疾。明年,崩。孝钦利立幼主,而文宗弟醇亲王奕譞;其福晋,又孝钦妹也,实生德宗。遂立焉。方四岁,两后再垂帘。

自粤捻之平,孝钦以为大功已成,颇荒淫。前三一年(西元一八八一),孝贞崩,孝钦益无所忌。前二七年(西元一八八五),遂罢奕䜣,代以奕譞。于是宠太监李莲英,修颐和园。海军衙门经费,亦以供园中之用。朝政寖坏矣。前二三年(西元一八八九),德宗大婚亲政。然大权仍握于后。德宗为所制,寖不协,遂为"戊戌政变"之本。

第二节　英法之西南侵略

自五口通商之役,西人始在条约上获得通商之权利。《天津条约》,则获得在内地传教之权利。并一举而与以协定税率、领事裁判之权。又开利益均沾之例。而俄人且乘间攘夺我东北之广土。于是列国并起侵占,寖自藩属,及于内地矣。

前三六年(西元一八七六),李鸿章与英人定约芝罘,开芜湖、温州、北海、重庆为商埠。大通、湖口、武穴、陆溪口、沙市,并许停泊轮船。云南边境通商章程,由英派员与滇省督抚商订。是为英人势力伸入西南之始。

先是安南旧阮,以法援复国。许割化南岛于法,已而背之。又且碍法人之通商传教。法人遂占下交阯六州。马如龙之定回乱,尝使法商秋毕伊为运军械,法人始知航红河可通云南,谋越益亟。太平天国之亡也,余党据东京,后分为黄旗、黑旗二党。黑旗党据劳开,刘永福为之魁,兵力颇强。越人遂结以谋法。前三八年(西元一八七四),法人与越结条约于西贡,认为独立。约既定,乃以告中国。未之认也。前二九年(西元一八八三),战端复启。法胁越订保护之约。已而越南改变,否认其约。中国亦自滇、粤派兵入越。旋为法所败。李鸿章乃与法人定约,允认法、越前后条约,撤兵,而法不要求兵费。旋因撤兵期误会,彼此冲突。法人遽要求赔偿一千万镑,中国不许。而中、法之战端遂开。

我海军败绩于福州。法人遂陷澎湖,攻台湾。其陆军亦陷谅山。广西提督冯子材复之。岑毓英亦破法军,进逼兴化。法内阁遂倒。而我不谙外情,遽与法定约,承认安南归法保护。劳开以上,谅山以下,开两处通商。并允南数省建造铁路,必雇用法人焉。

前二六年(西元一八八六),复订《安南边境通商细则》。明年,订《界务专约》五条、《商务续约》十条。开龙州、蒙自、蛮耗为商埠。前二〇年(西元一八九二),奕劻订立《续约》,以河口代蛮耗,又加开思茅。前一八年(西元一八九四),又订《续约》,许云南、广东、广西开矿,必聘用法人,并许越南铁路,得接至中国境内。于是法人之势力,骎骎侵入内地矣。方越南之与法龃龉也,英、缅交涉,亦多葛藤。前二七年(西元一八八五),英人乘中、法开战,灭之。明年,与我定约,英仍归我十年一贡(惟必使缅人),而我承认英对缅有最高主权。于是"会勘滇缅境界"之问题生。前一八年(西元一八九四),驻英公使薛福成与英外部立约。我允孟连、江洪不割让他国。而英许中国人得航行伊洛瓦底江。前一七年(西元一八九五),奕劻与法使续订《界约》,以江洪界法。英人以为责。前一五年(西元一八九七),再与英定约。开腾越及梧州、三水诸埠。许缅甸铁道,联络至云南焉。法亦更定约。开思茅、河口两埠。又许将安南铁道至龙州后,再延长至百色、南宁。明年,又许以南宁、北海间之敷设权焉。

第三节　日并朝鲜琉球

日本与我交涉,始于前四一年(西元一八七一)。是岁,有琉球人遇飓风,飘至台湾,为生番所杀。时琉球王子如日贺亲政,日人遂以为藩属。前三九年(西元一八七三),使副岛种臣来,以生番事件诘问中国。总署答言"生番政教所不及,其事我不能负责。琉球我藩属,其民被害,与贵国无与"。明年,日人遂自以兵攻生番。我亦盛兵将渡海。日人颇内荏。卒以英使调停,抚恤难民银十万两,偿日人在台修道、建屋之费银四十万两以和。前三三年(西元一八七九），日本遂灭琉球，以为冲绳县。

朝鲜李氏，自开国以来，文化颇有进步。然党争之风亦甚烈。加以外戚赵、金二氏，互争政权，纠纷益甚。前四九年（西元一八六三），哲宗殂，无子。宪宗母赵氏立其侄熙，而以熙父大院君昰应，协赞大政。朝鲜近代世次如下：

恒（李氏太祖十六世孙）
- 祜——璜——（二十五）哲宗昪
- （二十二）正祖祘—（二十三）纯祖玠—昊—
- （二十四）宪宗奂—球—兴宪（宣）大院君昰应—
- （二十六）李太王熙—（二十七）李王坧

大院君为朝鲜国王本生父之称。朝鲜开国以来，大院君无生存者。至昰应，乃破其例。

大院君持锁国之策甚坚。美人以诘中国。中国答以向不干涉朝鲜内政。副岛种臣之来，问总署：美使之言信乎？答曰：然。前三七年（西元一八七五），日本遂与朝鲜订约。约中申明朝鲜为独立自主之国。

于是朝鲜人分为"事大"、"独立"二党，事大党多在朝之臣，欲托庇中国。独立党多新进之士，欲师法日本。前三〇年（西元一八八二），朝鲜被裁之兵作乱。时大院君已去职，皇妃闵氏之族握权。变兵奉大院君为主。李鸿章使吴长庆勘定之。执大院君，幽之于保定莲池书院。遂驻师朝鲜。后以朝鲜王之请，复归大院君。逾一年，独立党金玉均作乱，引日兵入王宫，长庆又代定其乱。又明年，日本使伊藤博文来，与李鸿章定约于天津。约彼此各撤驻朝鲜之兵。嗣后如欲派兵，必互相照会。而中、日之对朝鲜，遂立于同等地位矣。

第四节　中　日　之　战

前一八年（西元一八九四），朝鲜东学党作乱，来乞援。诏叶志

超、聂士成往援。比至,乱已平。日人亦以兵舰泊汉江口,陆军环峙
京畿。要我共改革朝鲜内政。我国不许,而责日本撤兵。六月,日
军入京城,令大院君执国政。又袭击中国运船,战端遂启。李鸿章
初倚英、俄调停,及事急,乃仓卒备战,遂至事事皆落日后。时聂士
成军驻牙山,为日军所袭败。走公州,与叶志超合。旋同走平壤,就
续至左宝贵、马玉昆、卫汝贵之军。八月,日陷平壤。左宝贵死之。
是月,我海军亦败绩于大东沟。自是蛰伏威海卫不敢出。日军渡鸭
绿江,连陷九连、安东、宽甸诸城,遂陷岫岩。宋庆退守摩天岭。日
第二军又陷金州、复州,进攻大连、旅顺。宋庆以摩天岭之防委聂士
成,自率大军往援,不克。仅以重兵守锦州至山海关之间而已。日
兵遂陷荣成。明年正月,攻威海,丁汝昌以海军降敌,而自仰药死
之。二月,其第一、二军合攻辽东,陷营口、海城、盖平。海军陷澎
湖,逼台湾。朝廷不得已,派李鸿章为全权大臣,与日定约于马关。

　　认朝鲜为自主之国。

　　割辽东半岛沿岸之地,及台湾、澎湖。

　　偿兵费二万万两。

　　开沙市、重庆、苏州、杭州为商埠。

　　许日人航行宜昌、重庆间。又自上海入吴淞,经运河至
苏、杭。

　　旋以俄、德、法三国劝告,增偿款三千万两,还我辽东。台湾人
举唐景崧为总统,刘永福主军政,谋自立。未几,旧抚标兵变,景崧
出走,日人入台北。永福据台南苦战,卒不敌,内渡。台湾亡。

第五节　中俄密约及租借地

　　甲午之战,中国以大而败于小,不能无怏怏,而俄合德、法干涉

还辽,尤似足为吾援者。于是前一六年(西元一八九六),李鸿章使俄,贺尼古拉二世加冕,遂与俄人订立密约,许俄人建造东省铁路。旋由驻俄使臣许景澄与俄订立《华俄银行契约》,更与该行订立《东省铁道契约》焉。俄人旋布《东清铁路条例》,中国悉承认之。据该条例,该行除建造铁路外,并得经营采矿等业。为保护铁路计,又得设置警察。东北无穷之祸机,伏于此矣。

　　初中国之许外国传教,始于《天津中法条约》。嗣后天主教士,皆由法保护,教案亦恒由法公使交涉。前二五年(西元一八八七),德相俾斯麦,始命德国教士,在中国传教者,由该国政府,直接保护。前一五年(西元一八九七)十月,钜野杀德教士二人,德以兵舰占胶州湾。明年,与中国立租借九十九年之约,并得建造胶济及由胶州经沂州、莱芜至济南之铁道,开采铁道左右之十里内之矿山。于是俄租旅、大(前二十五年,西元一八八七),并得建造东省铁道支线。英租威海卫(期限同俄),法租广州湾(期限同德),并纷起要求造路、开矿;又争订明某处土地不得割让,谓之曰"势力范围",几成瓜分之势矣。

第十编　最近世史下

第一章　清末之情形

第一节　戊　戌　政　变

中国当道光以前,本全不知外情。迨道光、咸丰,两次战败,始知西人兵力之强。洪杨之乱,美人华尔、白齐文,英人戈登,先后将常胜军,助清作战。中兴诸将,身在行间,知外兵之强尤审。于是乱定以后,设同文馆、广方言馆,以教外国语文。派遣生徒,留学西洋,以习其军事制造之业。陆军既渐改新操,海军亦以次振兴,而铁路、轮船、电报等事,亦次第举办。似有图新之象。然所知者,特军事械器之末而已。而且主持其事者,不过极少数人。大多数人,尚皆极端反对。

迨甲午战后,而形势乃骤变。和议之起,康有为等合会试士子上书,请变法维新,迁都续战。既不达,乃创强学会于京师。旋被解散。其徒梁启超等,又发行《时务报》于上海。举国耸动,始知根本改革之不可缓。德宗亦知国势之危,前一四年(西元一八九八)夏,擢用有为、启超等,大革旧法。而旧党诸臣,多尼之,耸惠太后,出而干涉。八月,太后遂幽帝,再垂帘。杀有为弟广仁、谭嗣同、刘光第、杨深秀、杨锐、林旭。有为、启超走海外。一切新政,悉行推翻。

第二节 义 和 团 之 乱

有为之走外国也,后使索之。外人以为国事犯,不可。后憾焉。旧党诸臣,又有欲废帝者。前一三年(西元一八九九),立溥儁为大阿哥。时白莲教余孽义和团,创为"扶清灭洋"之说,妄言有奇术,可避枪炮。诸亲贵及顽固大臣信之,召之入京畿。前一二年(西元一九○○)夏,跋扈京、津间,焚教堂,杀教士,毁铁路电线。董福祥又以甘军入京,与之合。五月,清廷下谕,与各国同时宣战。令董军合义和团攻使馆,令各省杀外人。使馆有阴令缓攻者,乃得不破。而德国公使克林德、日本书记杉山彬皆被戕。

两江总督刘坤一、两湖总督张之洞、两广总督李鸿章、闽浙总督许应骙,否认上谕,与领事团立东南互保之约。战区乃得缩小。六月,英、俄、法、德、奥、意、美、日八国联军陷天津。七月,陷杨村,遂陷京师。太后及德宗走西安。联军又西陷保定,东陷塘沽、山海关。占领关内铁道。

清廷不得已,以李鸿章为全权大臣,与各国议和。(鸿章卒,王文韶代之。)外人要求惩办罪魁,然后开议。前一一年(西元一九○一)七月,和议成。

> 派亲王大臣赴德、日谢罪。
> 赔款四万五千万两,利息四厘。分三十九年偿清。
> 许各国驻兵京城,保护使馆。
> 拆毁天津城垣、大沽炮台。

第三节 俄人占据东三省及日俄之战

战事之起也,黑龙江将军寿山,首奉上谕,攻俄。俄人遂陷吉、黑二省，挟奉天将军增祺，以号令所属。和议既开，俄人借口与中国特别关系，须另议。其后以各国非难，乃于前九年（西元一九〇三）三月一日，在中国立撤兵之约。以六个月为一期，分三期撤退。第一期如约，至第二期之末，则反有增加。时俄人势力，弥漫朝鲜。日人初唱"满韩交换"之义，与俄交涉，不得要领。遂开战。中国顾宣告中立。其结果：俄兵大败。旅顺、奉天皆失，东洋及波罗的海舰队俱歼。于是有《朴资茅斯条约》。

　　俄认日本对韩，政治、军事、经济上，有卓绝利益；且有指导保护监理之权。

　　旅顺、大连湾，转租于日。东省铁路支线，自长春以下，亦割归日。

　　割桦太岛（库页）南半。

　　其中有关中国诸条，由中国与日本结《满洲善后协约》承认之。并结附约十一条。于三省开埠十余。（甲）凤凰城、辽源、新民屯、铁岭、通江子、法库门，（乙）长春、吉林、哈尔滨、宁古塔、珲春、三姓，（丙）齐齐哈尔、海拉尔、瑷珲、满洲里。许日人改修安奉铁路。合资设立公司，采伐鸭绿江森林。日人遂以租借地立关东州。由政府投巨资，设立满洲铁道会社。东北交涉，益形棘手矣。

第四节　英 兵 入 藏

　　中国对西藏，素取封锁主义。前三六年（西元一八七六）《芝罘条约》，始许英人入藏探险。后因认英并缅甸，乘机复取消之。前二三年（西元一八八九），英以哲孟雄为保护国。明年，与中国订《藏印条约》。中国承认哲归英保护。而藏、印通商，则订明俟后日再议。

前一九年(西元一八九三)，复订《续约》。始开亚东为商埠。而藏人
不欲，迄未实行。时俄人颇事笼络喇嘛达赖，与之通使。日、俄战
时，英人遂乘机入拉萨，达赖奔西宁。班禅与英订约。

> 亚东关实行开放外，更开江孜、噶大克为商埠。
>
> 偿英军费五十万镑。
>
> 藏人内政，不受他国干涉(他国不得派员入境)。
>
> 藏人土地，不得租卖与他国人。铁路、道路、电线、矿产等
> 权利，亦不得许他国人；并不得以各项进项，向他国人抵押
> 借债。

外部饬驻藏大臣有泰，不得签字。前七年(西元一九〇五)，移
其交涉于京师，结《藏印续约》。以英、藏所订条约为附约，由《正约》
承认之。惟订明所谓"他国"及"他国人"者，中国不在其内。英允不
占藏地，干藏政。中国亦许不准他占藏地，干藏政。约既定，中国
代藏付清偿款，英乃撤兵。

第五节　满蒙藏之危机

《满洲善后协约》之许日人改造安奉铁路也，除运兵归国十二个
月外，以二年为改良完竣之期。既逾期，日人始要求派员会勘路线。
后因购地事，与东督锡良，又有龃龉。前三年(西元一九〇九)六月，
日人遽取自由行动手段。我国不得已，追与订约，承认之。并同时
订立两约，以解决三省诸悬案。

（一）抚顺、烟台煤矿，许日人开采。

（二）先是我欲借英款造新法铁路，日人阻之。及是，允如欲筑
造，必先与日商议。

（三）俄筑东省铁路时，尝设立营口支线。言明路成后，即拆毁。及是允不拆毁，俟南满铁路期满后，一律归还。

（四）借半日款建筑之吉长铁道，延长至延吉，以接朝鲜铁道。

（五）我国与朝鲜，本以图们江为界。前二〇〇年（西元一七一二）所勘定。后韩人越垦江北。日人遂妄立名目，指其地为间岛，设理事官。及是，允以间岛归我。惟仍许韩民垦种，且开龙井村、局子街、头道沟、百草沟为商埠。

我之放弃新法铁路也，要求建筑自锦州经洮南至齐齐哈尔之铁路，日不反对。日亦要求承造昌图、洮南间铁路，以相抵制。其结果，各记入《会议录》。协约发表后，英、美愿借款承造，且延长之，至瑷珲。日嗾俄人抗议，遂中止。是岁十二月，美人提议"满州铁道中立"，由各国共同借款与中国，俾中国将路赎回。由投资诸国，共同管理；而禁止军事、政治上之运输。日、俄共抗之。明年，日、俄复立《协约》，订明满洲现状，觉被迫害，彼此互相商议。另立《密约》，俄认日并韩，而日认俄在蒙古、新疆取某种行动。是岁，日遂并韩。

中、俄《伊犁条约》，本定十年一修改。前二一、一一年（西元一八九一、一九〇一）两次期满，皆未实行。前一年（西元一九一一），俄人突向外务部提出多款。中有准俄人自由移住蒙、新，得买地建屋，并营无税贸易等。外部未即承认，俄遽发最后通牒。不得已，并许之。

滇、缅境界，前一八年（西元一八九四）及前八年（西元一九〇四），尝两次与英会勘。然止定北纬二十五度三十五分以北。自此以南之地，委诸将来再定。前二年（西元一九一〇），英人派兵入片马。边地之形势，益岌岌矣。

第二章　清之亡及民国成立

清孝钦后自西安还,复貌行新政,以敷衍民意。人民知清之终不足以有为,于是立宪革命之说大盛。日、俄战后,国人谓日以立宪而胜,俄以专制而败,立宪之说益昌。清廷乃于前六年(西元一九〇六)七月,下诏豫备立宪。前四年(西元一九〇八)八月,又定以九年为实行之期。是岁十月,德宗崩,孝钦后亦死。溥仪立,载沣摄政。国民举代表,要求速开国会。至再至三,乃许缩短豫备之期限为五年。前一年(西元一九一一)四月,颁布责任内阁制。以庆亲王奕劻为首相,阁员以皇族占多数。各省谘议局上书争之,不听。而盛宣怀长邮传部,又历行其"铁路国有"政策。川、鄂之人,群起反对。八月十九日(阳历十月十日),民军遂起义于武昌。

民军既起,举黎元洪为大都督。外人亦即认为交战团体,自是各省相继反正。清起袁世凯组阁。袁遣军陷汉阳,我师亦复南京。清载沣辞摄政职,以袁世凯为全权大臣。袁以唐绍仪为代表,民军亦举伍廷芳为代表,议和于上海。

先是各省都督府,各派代表,会集于上海。旋分组赴武昌,议决《临时政府组织大纲》。并议定,以南京为临时政府所在地。十一月十日,各省代表集于南京,选举孙文为大总统。越三日,为阳历一月一日,遂定改用阳历。以是日为中华民国元年(西元一九一二)一月一日。大总统于是日在南京就职。

　　临时政府既立。唐绍仪辞代表职,由伍廷芳与袁世凯直接电商。至二月十二日,清帝遂逊位。

第三章　民国成立后之形势

第一节　政 局 之 纷 更

清帝之逊位也，委袁世凯以全权，令组织临时政府。时参议院已成立于南京。于是孙文辞职，荐袁世凯于参议院。二月十五日，参议院选举袁世凯为临时大总统，请南下就职。旋以北京兵变，改于北京就职。

于是参议院修改《临时政府组织大纲》为《临时约法》。限十个月内，召集国会。及二年(西元一九一三)四月八日，正式国会遂成立。而新旧意见，未能融洽。政府善后大借款条件，颇为民党所反对。宋教仁被刺于上海，政府又颇有嫌疑。遂有七、八月间赣宁之役。南军失败。十月六日，国会选举袁世凯为正式大总统。袁旋下令，解散国民党，取消国民党议员资格。国会不足法定人数。三年(西元一九一四)一月十日，遂以命令停止议员职务。

四年(西元一九一五)八月，杨度等立筹安会于京师，通电各省，主张帝制。旋以参政院代行立法院职权，议决国民代表大会组织法，投票公决。其结果，一致主张帝制，并上书推戴袁世凯为皇帝。袁遂设立大典筹备处，改明年为洪宪元年。十二月二十五日，蔡锷起义于滇，称护国军。袁遣兵攻之，不克。而各省顾相继独立。袁乃于六年（西元一九一七）三月二十三日，取消帝制，废洪宪年号。命黎元洪等通电，与护国军议和。护国军要求袁退位，宣言承认副总统黎元洪为大总统。旋袁世凯卒，黎乃于六月七日，入公府就职。

于是召集国会，国会旋举冯国璋为副总统。及六年（西元一九一七），对德宣战案起，政府议员之间，复起冲突。各省督军，在京开会，要求解散国会。黎旋以命令免国务总理段祺瑞职。倪嗣冲遂独立于安徽。山东、河南、奉天、浙江、陕西、福建、直隶等省督军继之。组织总参谋处于天津，派兵北上。黎召安徽督军张勋入京调停，勋要黎解散国会而后入。七月一日，突拥溥仪复辟，黎总统避难使馆。使至天津，任段祺瑞为国务总理。八日，段誓师马厂，讨平之。黎宣言不与政治，乃由副总统冯国璋入京代理。旋召集临时参议院，修改国会组织法，召集新国会。七年（西元一九一八）九月四日，选举徐世昌为大总统。于十月十日就任。

初国会之解散也，广东、广西同时宣言自主，不受非法内阁干涉。旋海军第一舰队，亦加入焉。六年（西元一九一七）八月，开非常国会于广州。组织联合军政府，代行国务院职权。时北方段祺瑞主战，旋以长沙、岳州失守，辞职。及七年（西元一九一八）三月，复任总理。仍企图对南作战，然亦迄无效果。及徐世昌就总统职，两方乃先后停战。八年（西元一九一九）二月，各派代表议和于上海。至八月，复决裂。其后南方以十年（西元一九二一）四月，举孙文为大总统。而北方则始有皖直之战，继有直奉之争。十一年（西元一九二二）六月二日，徐世昌复辞职。十一日，黎元洪入京就职。取消六年解散国会令，以谋南北之统一焉。

第二节　蒙藏之事变

清之季年,颇欲经营蒙、藏,而所任者不得其人。活佛(哲布尊丹巴胡土克图)遂于前一年(西元一九一一)八月称立。中国方多故,不暇问。元年(西元一九一二)十月,俄人与蒙古订约,许助蒙人练兵,拒绝中国驻兵殖民。且订《俄蒙商务专条》,攫得多种权利。中国与俄交涉,久不得要领。及二年(西元一九一三)十一月,乃订立草约,俄承认中国对蒙有"宗主权",而中国承认蒙古有"自治权"(不置官,不派兵,不殖民)。自治区域,以前清库伦办事大臣、乌里雅苏台将军、科布多参赞大臣辖境为限。而我承认俄蒙所订《商务专条》。

方库伦之独立也,呼伦贝尔附和之,俄人又要求我认为特别区域。迨俄内乱起,蒙人颇受其兵匪蹂躏。八年(西元一九一九)十一月,乃复取消自治,呼伦贝尔亦继之。十年(西元一九二一)二月,俄旧党恩琴复陷库伦,并陷叩林、乌得。而恰克图则为蒙、俄新党所据。政府派兵往剿,久不进。卒乃为赤塔军所逐焉。

清末,以赵尔丰为驻藏大臣,遇藏人颇严。达赖遂叛。清遣钟颖将兵征之。达赖奔印度,清遂革其封号。民国成立,达赖复还,日嗾藏番内犯。袁世凯以尹昌衡为总司令,击破之。英人旋代藏要求自治。乃复达赖封号,改剿为抚。二年(西元一九一三)三月,我与英议约于大吉岭(后移于西摩拉)。英认我宗主权,我亦承认外藏有自治权。而所谓内外藏者,仅以红蓝线画于附图。外部电令勿签约,迄今尚为悬案。

第三节　最近外交之形势

中国外交形势,至甲午以后,乃日益紧迫。各国竞以租借地及铁道、矿山等权利,画定势力范围,几有无形瓜分之势。前一三年(西元一八九九),美国务卿海约翰向英、德、俄、法、意、日宣言门户开放、领土保全之旨。六国皆赞同之。于是"均势"之局渐成。其后英、日既结同盟于前,日、俄复结协约于后。其在满、蒙、回、藏之行动,又有破坏均势之象。于是有前清末年东三省之四国借款,冀于吸收外资之中,寓保存均势之意。民国成立,四国银行团变而为六国,旋又以美国退出,变为五国。卒如日、俄之意,借款以"不妨害二国在满、蒙之利益"为前提。迨欧战起,各国皆不暇顾及远东,日人遂大唱"东亚门罗"、"大亚细亚"之议。

时我国宣告中立,而日人借口与英同盟,攻青岛,陷之。其攻青岛也,自龙口上陆。又轶出我所画战区以外,而占据胶济铁路全线。初本宣言无条件交还我国,继乃驻兵不撤。我国要求践约,日人竟向我提出五号二十一条之要求。其后,略加修正,竟于四年(西元一九一五)五月七日,以最后通牒与我。我国不得已,于九日悉承认之。

迨德人宣布潜艇无限制战争,我国于六年(西元一九一七)三月十四日,与德绝交。八月十四日,复进而与德、奥宣战。日人先与英、俄、法、意交涉,承认日本继承德人在山东之权利,日人乃承认中国加入。时日人于青岛设立民政署,又设分署于胶济沿线。我国要求撤废,日人遂要求我合办胶济路,且迫我公使,于照会末,附以"欣然同意"字样,彼乃许撤废所施民政,且垫付济顺高徐路借款二千万元。迨俄国革命,与德言和,德人在俄之势力大张。于是中国有与日本共同防敌之议。又以其间订结《海陆军事协定》,日人遂大出兵于北满。

欧战既终,复有统一中国铁路借款,立新银行团以承受之之说。以我国政局不定,且舆论亦不一致,迄今未有成议。巴黎和会既开,我国要求将青岛由德人直接交还,卒未得当。我国遂但签字于奥国和约,而以命令宣告"对德战争终止"焉。其后日人要求与我直接交涉,交还青岛。我国拒之,复提出于华盛顿之太平洋会议。乃以英、美调停,于会外谈判。日允定期撤兵,中国允将胶澳开为商埠。胶济路由我于五年后收回;高徐济顺路借款,则让诸国际资本团焉。

外力之侵入,则外资实为之阶。考清代之借外债,始于左宗棠之征新疆,其数甚少。甲午已后,赔款既巨,新政又繁,而外债乃日多。清末之四国借款,民国成立后变为善后大借款,以盐税、关税为抵。于北京设立盐务署,其下分设稽核所及分所,会办协理,必用外人。又于审计处设立稽核外债室,已有监督一部分财政之嫌。六、七两年(西元一九一七、一九一八),又借日债至五万万之多,可参看刘彦《欧战期间中日交涉史》。而皆用诸内争及不生产之途。埃及之前车,诚不可不鉴也。

然外交上之现象,亦有可喜者。则如华府会议,我国提出各条,大体已得各国承认。中、德战后,所订条约,已将领事裁判权及协定税率之则取消。而东省铁路及长春、哈尔滨间支线之守备权,亦于七年(西元一九一八)一月,由我收回。凡此皆在外交上开一新纪元,要在我之能自振而已。

第四章　最近世政治制度之变迁

　　吾国制度，大抵历代相沿，以渐而变。其受外国之影响者，则最近世以来之事也。今述其重要者。

　　清于前五一年（西元一八六一），设立总理各国事务衙门，是为与外国交涉，设立专官之始。末年变法，中央亦多因事设官。至豫备立宪时，先行改革官制，乃定为外务、吏、民政、度支、礼、学、陆军、农工商、交通、理藩、法十一部。责任内阁成立，又裁吏、礼、理藩三部，而增设海军部。民国今日之十部，亦沿此而小变者也。外官则改按察司为提法，学政为提学，增设交涉司。裁分巡，增设劝业、巡警二道。民国成立，乃裁府、直隶州、厅，而存省、道、县三级焉。

　　戊戌变法，科举改试论、策、经义。政变后复旧。辛丑回銮后复改。前七年（西元一九〇五），乃废科举，专行学校教育。

　　自洪杨乱后，乃有所谓"练军"者，裁绿旗兵额，而以其饷加厚选练。甲午战后，知练军亦不足恃，乃纷纷改练新操，是为"新军"。尝设练兵处于京师，后并入陆军部。以总其事。后又改定军制，拟练新军为三十六镇。未及成而亡。民国之军制，略沿自清，但改其名称耳。

　　海军经始于前五〇年（西元一八六二）。法、越战时，始立海军衙门。聘英人琅威理教练，以旅顺、威海卫为军港。分为南洋、北洋二舰队。甲午战后,海军衙门既撤,军港亦租借,几于不能成军。其仅存者,即今日第一、第二舰队也。

初时不谙外情,与外人订约,贸然以领事裁判权许之。其后颇思取消,乃有改良法律之议。命沈家本修改旧律,改笞、杖为罚金,徒流为工作,死刑存绞、斩,而废凌迟、枭首等。尝定商律、公司律颁行之。其后民刑、商法及民、刑事诉讼法,皆有草案。审判改大理寺为大理院,为最高审。而其下有高等、地方、初等之审。民国亦略沿其制。国民革命军北伐以来,政制乃大改前观矣。

税法,以新关及厘金为最大。新关设于通商以后,总税务司及各关税务司,皆用外国人。初隶总署,前六年(西元一九〇六),乃设税务处以统辖之。新关增设后,称旧有之关为常关。距新关五十里以内者,亦归新关兼管。输入税率,为值百抽五,定于约章。然因物价变动故,实际所抽,尚不及此数。辛丑和约,以赔款甚巨,许我裁厘后改为值百抽一二·五,而迄未实行。最近华府会议,始允设立修改税则委员会,先改为切实值百抽五。其值百抽一二·五之议,则仍俟裁厘后实行焉。

厘金起洪杨乱后,属布政司。委员设局卡征收,病商颇甚。末年乃有改为统捐,及出产税或消场税者。今尚三法并存,总称为货物税。

附录：新学制高中教科书本国史改正表①

面	行	字	原　文	改　正
二五一 （一七五）	一〇 （四）	二八 （六）	匪	党
又 （一七五）	一二 （六）	二九 （十九）	贼	敌
二五二 （一七五）	一 （七）	一一 （七）	贼	敌
又 （一七五）	八 （十四）	一 （十一）	匪	党
二五三 （一七五）	二 （二十二）	一 （三）	乱	变
二六九 （一八八）	三 （十六）	三 （二十）	匪	党
二七九 （一九五）	六 （三）		……亦有窃取西教之说以资煽动者洪秀全花县人尝窃取基督教旨自创一教曰"上帝教"而名其教会曰"三点"广西下流社会信之者颇多……	……亦有借西教之说以资号召者洪秀全花县人尝借基督教旨自创一教曰"上帝教"而名其教会曰"三点"广西平民阶级信之者颇多……
二九五 （二〇八）	六 （四）	二一 （八）	孽	党
又 （二〇八）	八 （六）	九一一〇 （五—六）	跋扈	横行

<hr>

① 表格所录，均系本书初版的页码、行数和字数；括号内所录，系本册的页码、行数和字数，由编者所加。

续　表

面	行	字	原　文	改　正
三〇九 (二一七)	五一八 (二十一— 二十三)		……日人遂要求我合办胶济路且迫我公使……于是中国有与日本共同防敌之议……	……日人遂要求中国合办胶济路且迫北政府公使……于是中国一班帝国主义之走狗乃有与日本共同防敌之议……
三〇九 (二一七)	九一一〇 (二十五— 二十六)		欧战既终……以我国政局不定且舆论亦不一致迄今未有成议……	欧战告终……以我国国民群起反对遂未成议……
三一一 (二一九)	八 (八)		……民国今日之十部……	……民国成立时所设之十部……
三一二 (二一九)	一 (十三)	四 (四)	乱	变
又 (二二〇)	一二 (七)		……民国亦略沿其制	……民国初成立时亦略沿其制